什么是科学发展观

主　　编　闫　玉
副 主 编　孔德生　王雪军
本册作者　孟繁琨

中华工商联合出版社

图书在版编目（CIP）数据

什么是科学发展观 / 孟繁琨编著. --北京：中华工商联合出版社，2014.3

ISBN 978-7-5158-0849-9

Ⅰ. ①什… Ⅱ. ①孟… Ⅲ. ①社会主义建设模式一研究一中国 Ⅳ. ①D616

中国版本图书馆 CIP 数据核字（2014）第 036008 号

什么是科学发展观

作　　者：孟繁琨
出 品 人：徐　潜
策划编辑：魏鸿鸣
责任编辑：林　立
封面设计：徐　超
责任审读：李　征
责任印制：迈致红
出版发行：中华工商联合出版社有限责任公司
印　　刷：固安县云鼎印刷有限公司
版　　次：2014 年 4 月第 1 版
印　　次：2021 年10月第 2 次印刷
开　　本：155mm×220mm　1/16
字　　数：82 千字
印　　张：12.75
书　　号：ISBN 978-7-5158-0849-9
定　　价：38.00 元

服务热线：010－58301130
销售热线：010－58302813
地址邮编：北京市西城区西环广场 A 座 19－20 层，100044
http://www.chgslcbs.cn
E-mail：cicap1202@sina.com（营销中心）
E-mail：gslzbs@sina.com（总编室）

目录 Contents

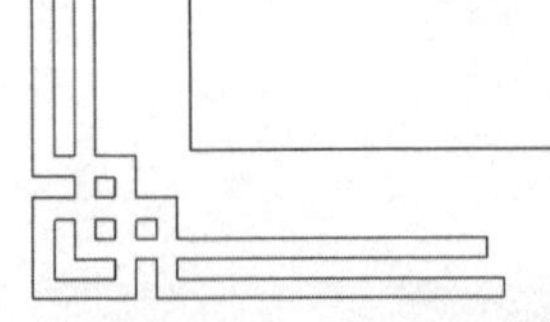

前言

2012年中国共产党第十八次全国代表大会的政治报告中明确指出："中国特色的社会主义理论体系，就是包括邓小平理论、'三个代表'重要思想、科学发展观在内的科学理论体系。"中国特色社会主义理论体系是几代中国共产党人带领全国各族人民艰辛探索的结果，是我党宝贵的政治和精神财富。它是在探索和回答"什么是社会主义，怎样建设社会主义；建设什么样的党，怎样建设党；实现什么样的发展，怎样实现发展"这三大问题的基础上形成的科学理论体系。

邓小平理论是马克思主义的基本原理同当代中国实践和时代特征相结合的产物，是毛泽东思想在新的历史条件下的继承和发展，是马克思主义在中国发展的新阶段。邓小平理论主要内容包括社会主义本质论、社会主义市场经济论、一国两制论等。

“三个代表”重要思想科学地表述为：“中国共产党必须始终代表中国先进生产力的发展要求，代表中国先进文化的前进方向，代表中国最广大人民群众的根本利益。”“三个代表”重要思想是对马克思列宁主义、毛泽东思想、邓小平理论的继承和发展，是加强和改进党的建设、推进我国社会主义自我完善和发展的强大理论武器，是党必须长期坚持的指导思想。

科学发展观是同马克思列宁主义、毛泽东思想、邓小平理论、“三个代表”重要思想既一脉相承又与时俱进的科学理论，是马克思主义关于发展的世界观和方法论的集中体现，是马克思主义中国化的最新成果，是中国共产党集体智慧的结晶，是发展中国特色社会主义必须坚持和贯彻的指导思想。

一、发展社会主义市场经济

以经济建设为中心是兴国之要，发展仍是解决我国所有问题的关键。只有推动经济持续健康发展，才能筑牢国家繁荣富强、人民幸福安康、社会和谐稳定的物质基础。

中国共产党领导人民发展社会主义市场经济。建设中国特色社会主义经济，应当深刻认识和把握我国社会主义市场经济体制以及社会主义初级阶段的基本经济制度和分配制度，同时不能忽视事关改革开放和现代化全局的“三农”问题。

（一）社会主义市场经济体制的建立

1. 粮票的故事

粮票是中国人的永恒记忆。改革开放前，粮票就是人们的“命根子”，没有粮票注定挨饿。20 世纪 50 年代末 60 年代初，一个烧饼 2 两粮票、7 分钱；一碗大米饭 4 两粮票、8 分钱；一碗素汤面 4 两粮票、1 角 4 分钱；一个面包 4 两粮票、1 角 7 分钱。到商店买点心、饼干，统统要粮票。

1950 年，新中国面对战乱之后几近崩溃的经济，开始酝酿粮食的计划供应，以满足全国人民的温饱。1955 年，全国第一套粮票正式流通，拉开了中国长达 38 年之久的“票证经济”的帷幕。

几年之后，中国进入“三年困难时期”。这时需要凭票购买的不仅仅是粮食，还有日用百货。于是，从粮票又发展出布票、棉花票、肥皂票、手表票、缝纫机票等。总之，在所能想到的吃穿用的方方面面，票证控制着人们的需求。

当年还有一些特殊的“粮票”——购买短缺工业

品（如手表、自行车）的“工业券”和购买布料、衣服的“布票”。当年，人们想买一些短缺商品，不管是衣、食、住、行哪一方面的东西，不仅需要攒钱，而且还需要凑够这些必需的票证。

经济发展的转机发生在中共十一届三中全会之后，随着改革开放政策的实行，市场经济脚步的加快，曾经严格的票证制度越来越松动，粮票“生命之本”的宝座开始逐渐发生动摇，有的饭店、商店出售食品时，由必须使用粮票转变为没粮票可多花点钱替代；乘坐火车、轮船、飞机途中吃饭时，不再用“全国火车、轮船、飞机专用粮票”等。

1993 年，一直作为我国人民生活中不可缺少的“第二货币”——粮票，完成自已 38 年的神圣使命后“光荣退休”了。粮票的正式废止，意味着统购统销时代已经离我们远去了。①

2. 社会主义市场经济体制的形成过程

(1) 社会主义也可以搞市场经济

十一届三中全会以来，以邓小平同志为主要代表的中国共产党人，总结新中国成立以来正反两个方面

① 李桂杰：《不会尘封的记忆：百姓生活 30 年》，湖南科学技术出版社 2008 年版。

的经验，解放思想，实事求是，实现全党工作中心向经济建设的转移，实行改革开放，开辟了社会主义事业发展的新时期，逐步形成了建设中国特色社会主义的路线、方针、政策，阐明了在中国建设社会主义、巩固和发展社会主义的基本问题，创立了邓小平理论。

经济体制是我国经济改革的核心问题。新中国成立后，受苏联模式的影响，我国建立起高度集中的计划经济体制。计划经济又称指令型经济，是通过国家行政指令的方式决定资源配置。与之相对的是市场经济，又称商品经济，是通过价格、供求关系等市场机制决定资源分配。二者一度成为区分社会主义社会和资本主义社会的标志。计划经济体制在当时经济规模小、生产力水平低、产业结构简单的历史条件下，对我国经济发展起到了促进作用。然而随着我国经济规模的不断扩大，经济结构的日益复杂，其弊端逐步暴露出来：权力过于集中、政府对企业管得过死、政企不分、忽视商品生产和市场机制作用、压抑生产主体的主动性和创造性。因此，建立充满活力的社会主义市场经济体制成为促进我国社会生产力发展的迫切任务。

对于计划经济和市场经济的关系问题，邓小平同志在 1979 年 11 月会见外宾时谈道：“说市场经济只存在于资本主义社会，只有资本主义的市场经济，这肯定是不正确的。社会主义为什么不可以搞市场经济，这个不能说是资本主义。我们是计划经济为主，也结合市场经济，但这是社会主义的市场经济。”这是邓小平同志首次提到“社会主义也可以搞市场经济”的观点，虽然当时他仍然讲以计划经济为主，但毕竟打破了计划经济大一统的局面，承认和肯定了市场经济对社会主义制度的积极意义，无疑对中国经济改革的探索起到了重要的推动作用。

1984 年党的十二届三中全会通过的《中共中央关于经济体制改革的决定》（以下简称《决定》），彻底颠覆了当时计划经济和市场经济对立的传统观念。该《决定》明确指出：“社会主义计划经济必须自觉依据和运用价值规律，是在公有制基础上的有计划的商品经济。商品经济的充分发展是社会主义经济发展不可逾越的阶段，是实现我国经济现代化的必要条件。”① 邓小平同志对该《决定》予以高度评价，认为这是“马克思主义基本原理和中国社会主义实践相结合的政治经济学”。据此，党的十三大报告进一步明确指出：“社会主义有计划商品经济的体制，应该是计划和市场内在统一的体制。计划和市场的作用范

① 《十二大以来重要文献选编》，人民出版社 1986 年版，第 568 页。

围都是覆盖全社会的。新经济的运行机制，总体上来说，应当是国家调节市场，市场引导企业的机制。”这表明此时党中央已经将市场看作和计划同等重要的经济调节手段。

20世纪90年代初，随着经济体制改革的不断深入，社会上出现了不同层面的质疑声音。要不要继续改革？该不该施行市场经济，市场经济算不算资本主义？对此邓小平同志在南方谈话中坚定地予以回应：“计划多一点还是市场多一点，不是社会主义与资本主义的本质区别。计划经济不等于社会主义，资本主义也有计划；市场经济不等于资本主义，社会主义也有市场。计划和市场都是经济手段。”这一论断科学地回答了社会主义和市场经济能否兼容的历史难题，并突破了把计划和市场看成社会基本制度范畴的思想束缚，极大地鼓舞了全党和全国人民，同时，这一重要思想，为我国走向社会主义市场经济道路奠定了坚实的理论基础。

（2）建立社会主义市场经济体制

十三届四中全会以来，以江泽民同志为主要代表的中国共产党人，进一步明确了建立社会主义市场经济体制的目标。

1992年6月，江泽民同志在中央党校讲话中指出：“我觉得使用‘社会主义市场经济体制’是可以为大多数干部群众所接受的。我们所要建立的新的经济体制，就是社会主义市场经济体制。”在党的十四大报告中，江泽民同志向世界明确宣告：“中国经济体制改革的目标就是建立社会主义市场经济体制。”由此将我国社会主义市场经济理论推向实践。

在谈到社会主义市场经济体制的基本特征时，江泽民同志指出：“我们搞的市场经济，是同社会主义基本制度紧密结合在一起的。如果离开了社会主义基本制度，就会走向资本主义。我们搞的社会主义市场经济，‘社会主义’几个字不能没有，这并不多余，并非‘画蛇添足’，而恰恰相反，这是‘画龙点睛’。所谓‘点睛’就是点明我们市场经济的性质。必须把社会主义市场经济体制同社会主义基本制度有机结合起来，我们的创造性和特色也就体现在这里。”① 1993 年 3 月，第八届全国人大一次会议通过的《中华人民共和国宪法修正案》肯定了我国实行的社会主义市场经济，将其写入宪法，由此确定了社会主义市场经济的政治和法律地位。

1993 年 11 月十四届三中全会通过的《中共中央关于建立社会主义市场经济体制若干问题的决定》从

---

① 江泽民：《论有中国特色社会主义》（专题摘编），中央文献出版社 2002 年版，第 69 页。

建立现代企业制度、培育和发展市场体系、建立健全宏观经济调控体系、建立合理的个人收入分配制度和社会保障制度等几个方面搭建起社会主义市场经济的基本框架。

(3) 处理好政府和市场的关系

十六大以来，以胡锦涛同志为主要代表的中国共产党人，带领中国人民继续探索经济体制改革之路。

2003 年 10 月，十六届三中全会明确提出完善社会主义市场经济体制的目标和任务。目标是："按照统筹城乡发展、统筹区域发展、统筹经济社会发展、统筹人与自然和谐发展、统筹国内发展和对外开放的要求，更大程度地发挥市场在资源配置中的基础性作用，增强企业活力和竞争力，健全国家宏观调控，完善政府社会管理和公共服务职能，为全面建设小康社会提供强有力的体制保障。"任务是："完善公有制为主体、多种所有制经济共同发展的基本经济制度；建立有利于逐步改变城乡二元经济结构的体制；形成促进区域经济协调发展的机制；建设统一开放竞争有序的现代市场体系；完善宏观调控体系、行政管理体制和经济法律制度；健全就业、收入分配和社会保障制度；建立促进经济社会可持续发展的机制。"

不断提高驾驭社会主义市场经济的能力被列为十六届四中全会通过的《中共中央关于加强党的执政能

力建设的决定》中的五项能力之首。在社会主义条件下发展市场经济，既是一个伟大创举，又是一个全新课题。胡锦涛同志指出："要把发展作为党执政兴国的第一要务，不断提高驾驭社会主义市场经济的能力。"通过经济体制改革的实践，使我党加深了社会主义市场经济规律的认识，增强了驾驭经济社会发展大局的本领。

2012 年 11 月，胡锦涛同志在党的十八大报告中提出："经济体制改革的核心问题是处理好政府和市场的关系，必须更加尊重市场规律，更好发挥政府作用。"政府和市场的界限，简单地说就是该市场管的，政府交给市场，发挥市场在配置资源的基础性作用。这就使我国社会主义市场经济理论进入一个新高度。

从整体上讲，我国社会主义市场经济理论是一个不断创新、逐步深入的过程。邓小平同志作为该理论的奠基人，打破了市场经济社会意识形态的思想束缚，为中国走向社会主义市场经济道路奠定了思想基础。江泽民同志为继承和发展社会主义市场经济理论做出了巨大贡献，从 1994 年提出将社会主义市场经济体制作为经济体制改革的目标到 2003 年政府工作报告中宣布社会主义市场经济初步形成的过程中，我国构建起社会主义市场经济体制的基本框架。十六大以后，特别是十六届三中全会后，以胡锦涛同志为主要代表的中国共产党人，以科学发展观为指导，从具体内容上对社会主义市场经济体制进行完善，为社会主义市场经济理论的进一步丰富和发展做出了重大贡献。

（二）社会主义初级阶段的基本经济制度

以公有制为主体、多种所有制经济共同发展是我国社会主义初级阶段的基本经济制度。坚持这一经济制度是由我国社会主义性质和初级阶段的国情决定的。

改革开放以来，我党对社会主义所有制理论进行了卓有成效的探索，对非公有制经济的认识经历了从“必要补充”到“社会主义市场经济的重要组成部分”，再到“基本经济制度”，最后到“各种所有制经济平等竞争”的发展过程。

新中国成立后，由于经验和认识的不足，我国长期对非公有制经济采取限制和排斥的态度，片面追求“人民公社规模大和公有化程度高”的“一大二公”的经济格局。据统计，1978 年的国民生产总值中，全民经济和集体经济分别占 55％和 43％；全国工业生产总值中，国营企业和集体企业分别占 77.6%和 22.4%，非公有制企业为零。[①] 这种又公又纯的公有制经济格局，严重阻碍了我国生产力的长远发展。

1. 打破“一大二公”的旧观念

1978 年召开的十一届三中全会上曾提出：“社员自留地、家庭副业和集市贸易是我国社会主义经济的必要补充，任何人不得乱加干涉。”1981 年 6 月，十一届六中全会通过的《关于建国以来党的若干历史问题的决议》(以下简称《决议》) 中，我党首次界定了公有制经济和个体经济的关系。该《决议》指出：“国营经济和集体经济是我国基本经济形式，一定范围内的劳动者个体经济是公有制经济的必要补充。”1988 年 4 月，七届全国人大一次会议上通过宪法修正案的形式规定：“私营经济是社会主义公有制经济的补充。国家保护私营经济的合法权益和利益，对私营经济实行引导、监督和管理。”

这是以邓小平同志为主要代表的中国共产党人对非公有制经济的认识和探索，虽然将公有制经济和非公有制经济界定为主体和补充的关系，但已经充分认

① 顾海良：《中国特色社会主义理论体系研究》，中国人民大学出版社 2009 年版，第 290 页。

识到非公有制经济对国民经济的促进意义，这在很大程度上打破了“一大二公”的旧观念束缚。

2. 以公有制为主体、多种所有制经济共同发展的基本经济制度

1997 年 9 月，江泽民同志在十五大报告中提出：“继续调整和完善所有制结构，进一步解放和发展生产力是经济体制改革的重大任务”，同时首次提出“以公有制为主体、多种所有制经济共同发展，是我国社会主义初级阶段的一项基本经济制度”。这意味着非公有制经济不再是“制度外”的成分而成为社会主义市场经济的重要组成部分。1999 年 3 月，全国人大二次会议通过的宪法修正案以宪法形式肯定了“国家在社会主义初级阶段，坚持以公有制为主体、多种所有制经济共同发展的基本经济制度”。这标志着以公有制为主体、多种所有制经济共同发展的基本经济制度在政治和法律范围内得以最终确立。

3. 两个“毫不动摇”

党的十六大后，以胡锦涛同志为主要代表的中国共产党人更加重视非公有制经济的发展。

2007 年党的十七大报告中，胡锦涛同志强调要形成各种所有制经济平等竞争、相互促进的新格局，

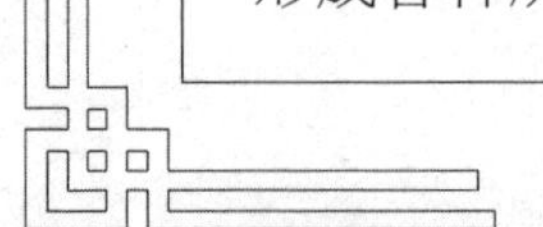

从而明确了公有制经济和非公有制经济之间平等竞争的关系。2012 年党的十八大报告中，胡锦涛同志进一步强调："要毫不动摇巩固和发展公有制经济，推行公有制多种实现形式，深化国有企业改革，完善各类国有资产管理体制，推动国有资本更多投向关系国家安全和国民经济命脉的重要行业和关键领域，不断增强国有经济活力、控制力、影响力。毫不动摇鼓励、支持、引导非公有制经济发展，保证各种所有制经济依法平等使用生产要素、公平参与市场竞争、同等受到法律保护。"

我国非公有制经济从无到有，从小到大，已成为社会主义市场经济的重要组成部分，成为发展社会生产力和完善社会主义市场经济体制的重要力量。其主要成就表现在以下四个方面。

第一，非公有制经济已占国民经济较大比重。统计表明，以个体私营为主的非公有制经济占国内生产总值的比重已由 1979 年的不足 1%增长到目前的国民生产总值的一半左右，成为我国经济发展的重要支撑。

第二，非公有制经济成为吸纳社会就业的重要渠道。2005 年至 2008 年期间，个体私营企业平均每净增 1000 多万个就业岗位，占城镇新增业岗位的 85%以上。非公有制经济吸纳了国有企业改革和农村城镇化进程中产生的85%以上的下岗职工和农村富余劳动力就业，为提高人民收入水平、实现社会和谐稳定做出了突出贡献。

第三，非公有制经济成为国家财政收入的重要来源。2008年民营企业缴税总额为33772.19亿元，占同期全国税收57862.39亿元的比重为58.4%，与2000年民营企业缴税总额5049.1亿元相比，增长了6.7倍，大体上保持了缴税比重与GDP同步增长的纪录。

第四，非公有制企业成为我国对外贸易的主力军。2000年，民营企业进出口总额仅为222.3亿元，占我国进出口总额的比重只有4.7%，2005年该数字已增长到2243.9亿元（是2000年总额的10倍多），而到2008年则进一步增长到5400.2亿元，占我国2008年进出口总额21%的比重。[①]

① 江泽民：《论有中国特色的社会主义》，中央文献出版社2002年版，第57页。

（三）社会主义初级阶段的分配制度

在社会主义初级阶段，必须坚持和完善按劳分配为主体、多种分配方式并存的分配制度，把按劳分配和按生产要素分配结合起来，健全劳动、资本、技术、管理等生产要素按贡献参与分配的制度，要正确处理好效率和公平的关系。

早在改革开放之前，按劳分配的理念就曾被毛泽东同志提道："在社会主义时期，物质的分配也要按照'各尽所能、按劳取酬'的原则和工作的需要，决无所谓绝对的平均。"但由于种种原因按劳分配制度并没有真正贯彻下去，结果是"大锅饭、平均主义"的盛行。

1. 打破"大锅饭"

1978 年 12 月，邓小平同志在《解放思想、实事求是、团结一致向前看》的讲话中首次提到坚持按劳分配、部分先富、最终共同富裕的构想，"在经济政策上，我认为要允许一部分地区、一部分企业、一部分工人农民，由于辛勤努力成绩大而收入先多一些，生活先好起来。一部分人生活先好起来，就必然产生极大的示范力量，影响左邻右舍，带动其他地区、其他单位的人们向他们学习。这样，就会使整个国民经济不断地波浪式地向前发展，使全国各族人民都能比较快地富裕起来”。

邓小平同志对按劳分配有着精准的看法：“讲按劳分配，无非是多劳多得、少劳少得、不劳不得。按照劳动的数量和质量进行分配。”对我国实行按劳分配的原因，他认为，“按劳分配的性质是社会主义的，不是资本主义的”，“只有坚持按劳分配，才能实现共同富裕，使全国人民普遍过上小康生活”。

谈到共同富裕的问题，邓小平同志认为贫穷不是社会主义，两极分化不是社会主义，社会主义的基本目标是共同富裕。在 1992 年的南方谈话中，邓小平同志对社会主义的本质做了经典概述：“社会主义的本质，是解放生产力，发展生产力，消灭剥削，消除两极分化，最终达到共同富裕。”如何实现共同富裕，邓小平同志在总结社会主义建设经验教训的基础上提出：“一部分地区有条件先发展起来，一部分地区发展慢点，先发展起来的地区带动后发展的地区，最终达到共同富裕。”

同时，邓小平预测到了从“先富”到“共富”过程中会出现不同地区之间和个人之间收入差距拉大的问题。怎么解决这个问题，他讲道："对一部分先富裕起来的个人，也要有一些限制，例如，征收所得税。还有，提倡有的人富裕起来以后，自愿拿出钱来办教育、修路。当然，决不能搞摊派，现在也不宜过多宣传这样的例子，但是应该鼓励。""什么时候突出地提出和解决这个问题，在什么基础上提出和解决这个问题，要研究。可以设想，在20世纪末达到小康水平的时候，就要突出地提出和解决这个问题。到那个时候，发达地区要继续发展，并通过多交利税和技术转让等方式大力支持不发达地区。"

经过一系列的探讨和验证，邓小平同志的这条以实现共同富裕为目标、符合我国生产力发展水平的"按劳分配为主体，其他分配方式为补充"的分配原则在党的十三大报告中明确确定下来。

2. 按劳分配和按生产要素分配

1997年，江泽民同志在党的十五大报告中指出："把按劳分配和按生产要素分配结合起来，坚持效率优先、兼顾公平，有利于优化资源配置，促进经济发展，保持社会稳定。"从此"生产要素"代替"其他分配方式"。

什么是生产要素，江泽民同志指出："着重发展资本、劳动力、技术等生产要素市场，完善生产要素价格形成机制。”表明他将资本、劳动、技术界定为生产要素。十六大报告更为详尽地指出：“放手让一切劳动、知识、技术、管理和资本活力竞相迸发，让一切创造社会财富的源泉涌流，以造福于人民。”

对效率和公平的关系问题，江泽民同志在十六大报告中指出：“坚持效率优先、兼顾公平，既要提倡奉献精神，又要落实分配政策，既要反对平均主义，又要防止收入悬殊。初次分配注重效率，发挥市场的作用，鼓励一部分人通过诚实劳动、合法经营先富起来。再分配注重公平，加强政府对收入分配的调节职能，调节差距过大的收入。”

随着经济发展，部分社会成员之间收入差距过大、分配不公、分配秩序混乱的问题日益突出。江泽民同志指出：“应该正确处理一次分配和二次分配的关系，在经济发展的基础上普遍提高居民收入水平，逐步形成一个高收入群体和低收入群体占少数，中等收入群体占大多数的‘两头小、中间大’的分配格局，使人民共享经济繁荣成果，促进国民经济持续快速健康发展和社会的长治久安。”

3. 实现公平是构建和谐社会的重要任务

十六大以后，以胡锦涛同志为主要代表的中国共产党人更加注重公平，将实现公平作为构建和谐社会的重要任务。在十七大报告中，胡锦涛同志指出："初次分配和再次分配都要处理好效率和公平的关系，再次分配更加注重公平。""构建社会主义和谐社会是贯穿中国特色社会主义事业全过程的长期历史任务，是在发展的基础上正确处理各种社会矛盾的历史过程和社会结果。要通过发展增加社会物质财富、不断改善人民生活，又要通过发展保障社会公平正义、不断促进社会和谐。实现社会公平正义是中国共产党人的一贯主张，是发展中国特色社会主义的重大任务。"

为进一步推进收入分配改革，更好地实现公平，胡锦涛同志在十八大报告中增加了新内容："努力实现居民收入增长和经济发展同步、劳动报酬增长和劳动生产率提高同步，要逐步提高居民收入在国民收入分配中的比重和劳动报酬在初次分配中的比重。"

（四）从"分田单干"到新农村建设

1. 小岗村的故事

1978 年 11 月 24 日晚上，安徽凤阳县小岗村的 18 户村民聚在一起开了个秘密会议。会议过程大体是这样："我们队委会三个碰了个头，打算分田到户，瞒上不瞒下，但有一条，各家要保证交足公粮，一点也不能少，剩下才是自己的，谁也不能当孬种。"生产队副队长严宏昌先发言。窗户纸捅破后，现场热闹起来。"谁要说出去，就不是他娘养的！"严宏昌和大家一起发誓。

老社员严家芝说："万一被上头发现了，你们几个干部弄不好要坐班房，你们的大人小孩怎么办啊？""你们是为我们村民出的事，到时候，我们谁个也不能装孬，全村凑钱凑粮，把你们的小孩养到18岁！"另一位年长的村民答道，这一提议得到其他村民的附和。

随后，在煤油灯光中，高中文化的严宏昌在一张白纸上写下"保证书"："我们分田到户，每户户主签字盖章，如以后能干，每户保证完成每户的全年上交和公粮。不在（再）向国家伸手要钱要粮。如不成，我们干部作（坐）牢刹（杀）头也干（甘）心，大家社员也保证把我们18户村民签下的小孩养活到18岁。"

谁都没预料到，竟是这份"生死文书"拉开了中国农村经济改革的序幕。

对小岗村村民的这一举动，邓小平同志予以充分肯定。在《关于农村问题》的内部谈话中他提道：

"'凤阳花鼓'中唱的那个凤阳县，绝大多数生产队搞了大包干，也是一年翻身，改变面貌……可以肯定，只要生产发展了，农村的社会分工和商品经济发展了，低水平的集体化就会发展到高水平的集体化，集体经济不巩固的也会巩固起来。"

1980 年 9 月，中央下发了《关于进一步加强和完善农业生产责任制的几个问题》，指出："在生产队领导下实行的包产到户是依存于社会主义经济，而不会脱离社会主义轨道的，没有什么复辟资本主义危险。"[①] 至此，农村"包产到户制度"正式以中央文件的形式确定下来，而包产到户制度也正是家庭联产承包责任制的前身。1984 年 1 月，中共中央发出了《关于一九八四年农村工作的通知》，文件强调要继续稳定和完善联产承包责任制，延长土地承包期限，鼓励农民增加土地投资等。这意味着在中国实行 26 年之久的人民公社制度退出历史舞台，农村家庭联产承包经营制度建立起来，这是中国共产党人解决"三农"问题一次质的飞跃。

2. "三农"工作是全党工作的重点

1991 年的中共中央十三届八中全会上通过的

① 胡绳：《中国共产党的七十年》，中共党史出版社 1991 年版，第 505 页。

《中共中央关于进一步加强农业和农村工作的决定》中指出："农业是经济发展、社会安定、国家自立的基础，农民和农村问题始终是中国革命和建设的根本问题。没有农村的稳定和全面进步，就不可能有整个社会的稳定和全面进步；没有农民的小康，就不可能有全国人民的小康；没有农业的现代化，就不可能有整个国民经济的现代化。"① 由此，中国"三农"问题作为党的工作重点有了一个完整的提法。

从党的十四大到十六大这段时间，我党将"三农"问题的工作重点放在深化农产品流通体制改革，推进农业、农村经济结构的战略性调整上。江泽民同志在十四大报告中强调："农业是国民经济的基础，必须坚持把加强农业放在首位，全面振兴农村经济。树立大农业观念，保持粮食、棉花稳定增产，继续调整农业内部结构，积极发展农、林、牧、副、渔各业，努力开发高产优质高效农业。必须全面贯彻十三届八中全会的决定，深化农村经济体制和经营机制的改革。要把家庭联产承包为主的责任制，统分结合的双层经营体制，作为一项基本制度长期稳定下来，并不断充实完善。抓紧进行农产品价格和农村流通体制

① 中共中央文献研究室编：《十三大以来重要文献选编》（下册），人民出版社 1993 年版，第 1758 页。

的改革，继续强化市场在农村经济中的调节作用。”

(1) 社会主义新农村建设

1998 年 10 月，党的第十五届三中全会通过了《中共中央关于农业和农村若干重大问题的决定》，在深刻总结了我国农村改革以来取得的经验的基础上，第一次提出了关于“农业、农村和农民问题是关系我国改革开放和现代化建设全局的重大问题”，制定了“从现在起到 2010 年建设有中国特色社会主义新农村的奋斗目标”。这标志着中国社会主义新农村建设正式启动。2005 年 10 月，中国共产党十六届五中全会通过《十一五规划纲要建议》，提出要按照“生产发展、生活宽裕、乡风文明、村容整洁、管理民主”的要求，扎实推进社会主义新农村建设。生产发展，是新农村建设的中心环节，是实现其他目标的物质基础；生活宽裕，是新农村建设的目的，也是衡量干部工作的基本尺度；乡风文明，是农民素质的反映，体现农村精神文明建设的要求；村容整洁，是展现农村新貌的窗口，是实现人与环境和谐发展的必然要求；管理民主，是新农村建设的政治保证，显示了对农民群众政治权利的尊重和维护。这 20 字充分展示了现代化农村的美好图景，概括了社会主义新农村建设的基本要求，而且为今后一个时期的解决“三农”问题指明了方向。

江泽民同志对“三农”问题的指导思想，鲜明地体现了“三个代表”重要思想要求，为做好“三农”工作提供了科学的理论指导。自党的十四大之后的10年间，我国农村面貌发生了翻天覆地的变化，农业综合生产能力大幅度提高，结束了粮食等主要农产品长期短缺的历史，解决了12亿多人的吃穿问题；农民生活水平显著改善，总体上实现了由温饱到小康的跨越。

党的十六大以来，以胡锦涛同志为主要代表的中国共产党人，高举邓小平理论和“三个代表”重要思想伟大旗帜，从全面落实科学发展观、构建社会主义和谐社会的战略高度，强调要继续把解决“三农”问题作为全党工作的重中之重，重点建立惠农政策体系，提出统筹城乡发展，实行工业反哺农业、城市支持农村的方针。

2004年，时任国务院总理的温家宝同志在政府工作报告中谈到要在5年时间内取消农业税。2005年12月29日十届全国人大常委会十九次会议高票通过这一决议——自2006年1月1日起废除《农业税条例》。这意味着中国8亿农民彻底告别了长达2600年历史的“皇粮国税”，给亿万农民带来了看得见的物质利益，再一次解放了农村生产力，推动农村经济的快速发展和社会主义新农村建设的进程。

(2) 推动城乡一体化发展

2012 年胡锦涛同志在十八大报告中对“三农”问题做出新要求：“城乡发展一体化是解决‘三农’问题的根本途径。要加大统筹城乡发展力度，增强农村发展活力，逐步缩小城乡差距，促进城乡共同繁荣。坚持工业反哺农业、城市支持农村和多予少取放活方针，加大强农惠农富农政策力度，让广大农民平等参与现代化进程、共同分享现代化成果。加快发展现代农业，增强农业综合生产能力，确保国家粮食安全和重要农产品有效供给。坚持把国家基础设施建设和社会事业发展重点放在农村，深入推进新农村建设和扶贫开发，全面改善农村生产生活条件。着力促进农民增收，保持农民收入持续较快增长。坚持和完善农村基本经营制度，依法维护农民土地承包经营权、宅基地使用权、集体收益分配权，壮大集体经济实力，发展农民专业合作和股份合作，培育新型经营主体，发展多种形式规模经营，构建集约化、专业化、组织化、社会化相结合的新型农业经营体系。改革征地制度，提高农民在土地增值收益中的分配比例。加快完善城乡发展一体化体制机制，着力在城乡规划、基础设施、公共服务等方面推进一体化，促进城乡要素平等交换和公共资源均衡配置，形成以工促农、以城带乡、工农互惠、城乡一体的新型工农、城乡关系。”[1] 这些要求是在“三农”领域贯彻落实科学发展观的具体体现，是全面建成小康社会对“三农”工作提出的新要求，是当前和今后一定时期做好“三农”工作的行动指南。

农业强则根基强，农民富则国家富，农村稳则社会稳。改革开放的三十多年来，中国共产党人对“三农”问题进行了艰辛的探索和实践，取得了许多宝贵的经验和令人瞩目的成就。但面对我国作为一个几千年历史的农业大国，农村发展长期滞后，农民人口占总人口的大多数的现实国情，“三农”问题的解决不能一蹴而就，这是一项长期、艰巨、复杂的历史任务。在今后的工作中，应当继续坚持中国特色社会主义道路，继续坚持中国特色社会主义理论体系，继续坚持中国特色社会主义制度，按照中央对“三农”工作的总体要求，从实际情况出发，寻找解决“三农”问题的突破口。我们相信一个美好的社会主义新农村即将到来。

① 胡锦涛：《坚定不移沿着中国特色社会主义道路前进　为全面建成小康社会而奋斗》，人民出版社 2012 年版。

二、发展社会主义民主政治

“历史周期律”现象

民主作为一种政治理想，是中国共产党人始终不渝的追求。1945 年 7 月初，民主人士黄炎培访问延安，受到了毛泽东等中央领导同志的热烈欢迎。毛泽东接见黄炎培时，黄炎培坦率地对毛泽东说：“我活了 60 多年，耳闻的不说，所亲眼看到的，真所谓‘其兴也浡焉，其亡也忽焉’。一人，一家，一团体，一地方，乃至一国，大都跳不出这周期率的支配。大凡初时聚精会神，没有一事不用心，没有一人不卖力，也许那时艰难困苦，只有从万死中觅取一生。既然环境渐渐好转了，精神也就渐渐放下了。有的因为历时长久，自然地惰性发作，由少数演为多数，到风气养成，虽有大力，无法扭转，并且无法补救。一部历史，‘政怠宦成’的也有，‘人亡政息’的也有，‘求荣取辱’的也有，总之没有能跳出这周期率的支配。中共诸君从过去到现在，我略略了解，不知能否找出一条新路，来跳出这周期律的支配。”毛泽东笑了笑，他首先向黄炎培表示感谢，然后回答说：“我们已经找到新路，我们能跳出这周期律。这条新路，就是民主。只有让人民来监督政府，政府才不敢松懈。只有人人起来负责，才不会人亡政息。”①

人民民主是我们党始终高扬的光辉旗帜。改革开放以来，我们总结发展社会主义民主正反两个方面的经验，强调人民民主是社会主义的生命，坚持国家一切权力属于人民，不断推进政治体制改革，社会主义民主政治建设取得重大进展，成功开辟和坚持了中国特色社会主义政治发展道路，为实现最广泛的人民民主确立了正确方向。

---

① 张巨成：《论毛泽东的反腐败思想》，人民网。

（一）邓小平理论指导下的社会主义民主政治建设

新中国成立以后，因为受苏联高度集权的政治模式影响，我国的民主政治建设进程缓慢。20 世纪 60 年代中期，由于党内“左倾”错误思想的蔓延和毛泽东同志晚年对形势的错误判断，导致“十年浩劫”的发生，我国民主法制遭到空前的践踏。

“文革”结束后，作为改革开放的总设计师邓小平同志，深刻总结国内外民主建设经验，从我国现代化建设的实际出发，为中国民主政治发展做出了理论和实践方面的重要贡献。

1. 邓小平理论指导下的社会主义民主政治建设的主要内容

（1）没有民主，就没有社会主义，就没有社会主义现代化

邓小平同志说过：“过去我们在理论上对民主宣传的不够，在民主的实践方面，做的不够好并且犯过错误，民主制度上有许多不完善。”因此，他强调：

"没有民主，就没有社会主义，就没有社会主义现代化。"他将民主视为社会主义的本质属性，明确提出要坚定不移地发展民主，使民主政治建设成为社会主义建设的重要内容。

(2) 从中国实际出发，不照搬西方的政治模式

1987 年 4 月，邓小平同志在会见香港特别行政区基本法起草委员会委员时指出："关于民主，我们大陆讲社会主义民主，和资产阶级民主的概念不同。西方的民主就是三权分立，多党竞选，等等。我们并不反对西方国家这样搞，但是我们中国大陆不搞多党竞选，不搞三权分立、两院制。我们实行的是全国人民代表大会一院制，这最符合中国实际……我们一定要切合实际，要根据自己的特点来决定自己的制度和管理方式。"①

(3) 民主与法制辩证统一

邓小平同志强调，社会主义民主与社会主义法制是相互依存、相互作用的辩证统一关系。因此"为了保障人民民主，必须加强法制。必须使民主制度化、法律化，使这种制度和法律不因领导人的改变而改变，不因领导人的看法和注意力的改变而改变……做

① 邓小平：《邓小平文选》（第 3 卷），人民出版社 1933 年版，第 220 页。

到有法可依，有法必依，执法必严，违法必究”[①]。这一观点成为后来“依法治国”政策提出的思想萌芽。

(4) 稳定压倒一切

邓小平同志强调“稳定”，把“稳定”放到了社会主义建设事业的根本问题上来。邓小平同志指出：“中国的问题，压倒一切的是需要稳定，没有稳定的环境，什么都搞不成，已经取得的成果也会失掉。”“中国一定要改革开放，这是解决中国问题的希望，但是要改革就一定要有稳定的政治环境，离开了这一点，什么事都干不成。”

2. 邓小平理论指导下的社会主义民主政治建设的主要成果

邓小平理论中的民主政治思想，解决了在中国这一有着几千年封建专制历史的国家，如何实现民主、如何制约权力等一系列重大问题，有力地推动了中国特色社会主义民主政治建设进程。

(1) 我国民主制度化、法制化建设实现重大突破

传统上我国的治国理念更多地体现为人治。新中国成立后，我国的民主政治建设走了不少弯路，民主的制度化、法制化程度不高。正如邓小平同志所说的

① 邓小平：《邓小平文选》(第2卷)，人民出版社1994年版，第146～147页。

"旧中国留给我们的，封建专制传统比较多，民主法制传统很少"。邓小平同志强调，要通过改革，处理好法治和人治的关系，处理好党和政府的关系，把党和国家生活纳入制度和法律的轨道。这一思想体现在党的十六大报告中："要着重加强制度建设，实现社会主义民主政治的制度化、规范化和程序化。"

在邓小平同志民主制度化、法制化思想的指导下，我国的民主法制建设取得了前所未有的成就，开创了我国民主政治发展的伟大变革。具体表现在：恢复并完善了民主的基本制度，使我国人民代表大会制度、中国共产党领导的多党合作和政治协商制度又重新运行；制定了 1982 年宪法，颁布实施了其他一系列法律、法规，建立和完善以宪法为核心的法律体系；建立和完善了领导制度、干部制度、组织制度、工作制度，使党和国家政治生活步入正轨。

(2) 开创了社会主义民主政治建设的新起点

邓小平同志指出，我国社会主义民主政治建设的目标和方向就是建立社会主义民主。只有建立了高度的民主，才能调动广大人民群众的积极性，推动社会主义现代化建设快速发展。根据邓小平同志提出的建设社会主义民主目标的思想，在党的十二大上将"建设高度的社会主义民主"作为党的根本目标和根本任务之一。同时，我党在民主实践中做了大量工作，如

进行了政治体制改革；保障了公民的民主权利；发展了基层民主，完善了职工代表大会制度和基层群众自治制度等。党的十四大明确指出：要围绕经济建设这个中心，加强社会主义民主法制和精神文明建设，促进社会全面进步。邓小平同志建设高度社会主义民主目标的思想，为中国社会主义民主建设指明了方向，成为我国社会主义政治文明建设的新起点。

（二）“三个代表”重要思想指导下的社会主义民主政治建设

党的十三届四中全会以来，以江泽民同志为主要代表的中国共产党人，在继承邓小平理论民主政治思想的基础上，面对改革开放和现代化建设的新局面，继续探索和推动社会主义民主政治建设，揭示了社会主义民主政治发展的基本规律，对丰富中国特色民主政治建设做出了重要贡献。

1.“三个代表”重要思想指导下的社会主义民主政治建设的主要内容

（1）发展社会主义民主，建设社会主义政治文明

2002 年 5 月，江泽民同志在中央党校省部级干

部进修班毕业典礼上的讲话中首次提出了“社会主义政治文明”的概念，他说：“发展社会主义民主政治，建设社会主义政治文明，是社会主义现代化建设的重要目标。”同年 11 月，江泽民同志在党的十六大报告中进一步指出：“发展社会主义民主，建设社会主义政治文明，是全面建设小康社会的重要目标。”江泽民同志把政治文明同物质文明和精神文明并列为中国特色社会主义建设的三大内容，是对中国特色社会主义民主政治理论的重大突破，反映了我党对中国民主政治建设规律认识的不断深化。同时，江泽民同志将社会主义政治文明的基本内涵概括为坚持党的领导、人民当家做主和依法治国，指出在社会主义政治文明建设实践中，必须把坚持党的领导、人民当家做主和依法治国有机结合起来。

(2) 依法治国，建设社会主义法治国家

坚持依法治国，是发展社会主义市场经济和社会主义民主政治的客观要求，也是国家长治久安和社会和谐稳定的重要保障。1996 年，江泽民同志首次提出“依法治国”。党的十五大报告中，江泽民同志对依法治国的含义进行了深刻阐释：“依法治国，就是广大人民群众在党的领导下，依照宪法和法律规定，通过各种途径和形式管理国家事务，管理经济文化事业，管理社会事务，保证国家各项工作都依法进行，逐步实现社会主义民主的制度化、法律化，使这种制度和法律不因领导人的改变而改变，不因领导人看法和注意力的改变而改变。”同时在党的十六大上我党把依法治国确定为党领导人民治理国家的基本方略，提出了“实行依法治国，建设社会主义法治国家”的历史任务。1993 年 3 月，全国人大九届二次会议通过的宪法修正案将“中华人民共和国实施依法治国，建设社会主义法治国家”以国家根本大法的形式确定下来。使我国从“人治”走向“法治”迈出了重大一步。

(3) 以党内民主带动人民民主

江泽民同志主张以党内民主来推动人民民主进程。他认为，“党内民主对人民民主具有导向性。培育和发展党内民主，以党内民主推动人民民主，使之成为我国政治民主化的生长点，是我国政治现代化发展的一条可行路径选择”，“党对国家政治生活的领导，最本质的内容就是组织和支持人民当家做主”①。这些论述，深刻地揭示了党的领导同人民当家做主的关系，即人民民主必须坚持党的领导，而党的领导就是要实现和保障人民当家做主。党内民主不是社会主

① 江泽民：《江泽民文选》(第 1 卷)，人民出版社 2006 年版，第 640 页。

义民主的终极目标，实现人民民主才是最终目标。以党内民主带动人民民主，有利于坚持党的领导，推动民主有序渐进发展，维护社会政治稳定，最终实现人民当家做主。

(4) 社会主义民主政治建设的基本纲领

江泽民同志在党的十五大报告中，明确提出了独具特色的社会主义民主政治建设的政治纲领，即“建设有中国特色社会主义的政治，就是在中国共产党领导下，在人民当家做主的基础上，依法治国，发展社会主义民主政治。这就要坚持和完善工人阶级领导的、以工农联盟为基础的人民民主专政；坚持和完善人民代表大会制度、共产党领导的多党合作和政治协商制度以及民族区域自治制度；发展民主，健全法制，建设社会主义法治国家。实现社会安定，政府廉洁高效，全国各族人民团结和睦，生动活泼的政治局面”。

具体来讲，建设有中国特色社会主义的政治必须坚持中国共产党的领导，这是民主政治建设的根本前提；人民当家做主、依法治国是发展社会主义民主政治的基础，也是发展社会主义民主政治的目的；人民民主专政和人民代表大会制度是我国根本政治制度，是发展社会主义民主政治的保障；人民代表大会制度、共产党领导的多党合作和政治协商制度以及民族区域自治制度是我国三大基本政治制度，是建设和发展社会主义民主政治，实现人民当家做主的基本形式；只有发展民主，健全法制，建设社会主义法治国家才能实现社会安定，政府廉洁高效，全国各族人民团结和睦，生动活泼的政治局面。

社会主义民主政治建设基本纲领是党对民主政治建设实践的深刻总结，为我国社会民主政治建设确立了指导目标。

2.“三个代表”重要思想指导下的社会主义民主政治建设的主要成果

(1) 确立党和国家领导人任职形式

2004 年 9 月 20 日，江泽民同志在辞去中共中央军事委员会主席时，发表了《我的心永远同人民军队在一起》的讲话。他在讲话中提道：“党的总书记、国家主席、军委主席三位一体这样的领导体制和领导形式，对我们这样一个大党、大国来说，不仅是必要的，而且是最妥当的方式。”可以说，这是经过 80 多年总结而形成的一个基本经验。从历史上看，我们党的总书记、军委主席、国家主席三者之间的关系经历了一个非常复杂的变化。在第二次国内革命战争时期，毛泽东同志是中央苏维埃人民政府主席，党的总书记先后是瞿秋白、李立三、张闻天、王稼祥等人，周恩来、博古负责军事领导权。红军长征到达陕北后，毛泽东当选为中共中央军事委员会主席；1943年3月，毛泽东担任中央政治局主席和书记处主席，形成党的主席和军委主席两位一体的格局。1949年9月21日，毛泽东当选为中华人民共和国中央人民政府主席、第一届全国人民政治协商会议全国委员会主席，同时担任中共中央委员会主席、中央军委主席，形成四位一体的格局。从2002年11月9日胡锦涛同志担任党的总书记起到2004年9月，逐步形成总书记、国家主席、中央军委主席三位一体。[①] 江泽民同志讲："在党的十六大上，我把总书记的班交了；在2003年的十届全国人大一次会议上，我把国家主席的班交了。当时，中央决定我留任党和国家的军委主席。从那时以来，我一直期望着在适当的时候从领导岗位上完全退下来，现在，这个愿望终于实现了。"这种三位一体的领导体制的逐步明确，无疑有利于加强党的领导和国家安定，符合社会主义现代化建设的需要。

(2) 行政机构改革，大刀阔斧

十三届四中全会以来，以江泽民同志为主要代表

---

① 周建胜：《党的三代领导与社会主义政治文明建设》，四川大学出版社2010年版，第116页。

的中国共产党人，为探索建立适应社会主义市场经济的政府体制，积极推动政企分开、转变政府职能的进程。1998年3月，九届全国人大一次会议审议批准了国务院机构改革方案，改革后除国务院办公厅外，国务院的组织部门由原来的40个减少为29个，同时对国务院的直属机构和办事机构也做了调整，2000年又撤销了9个委管国家局。国务院的机构改革已经实现了预定目标，机关人员由3.2万人减少为1.6万人。省级政府的机构也得到了精简，省级政府内设工作机构由平均55个减少为40个，平均精简20%，人员编制平均精简47%，全国省级政府减编7.4万人(不包括政法部门)，是历次机构改革精简力度最大的一次。同时按精简20%的比例，市、县、乡三级的机构也做了精简。①

经过这一时期大规模的机构改革，我国机构膨胀臃肿的顽症有所控制，有效地配合了社会主义市场经济的发展。同时我党也充分地认识到了机构改革的长期性、艰巨性和复杂性，逐步把握了这项工作的规律和特点，为下一步的机构改革积累了宝贵经验。

---

① 《政治体制改革推进社会主义民主政治建设逐渐完善》，新华网，2002－10－29。

（3）农村“海选”，释放基层民主活力

“海选”一词在今天广泛用于电视娱乐选秀节目，然而它的原意是农民在村民自治中的直接选举方式。这种选举方式首创于吉林省梨树县梨树乡北老壕村在1986年换届选举，因而该县被称为“海选”故乡。

“北老壕村村民们对当时的村干部意见很大。当他们希望由自己推选村干部的意见反映到县里时，我觉得符合中央精神和宪法规定，可以尝试，应予支持。”时任梨树县常务副县长的费允成记忆犹新地说道。谁也未曾想到，正是这一破天荒的尝试，从此开启了中国农民主宰自己命运的大门，也使北老壕村这个北方默默无闻的小村庄闻名天下。

费允成说，梨树县委县政府根据村民的意愿，确定了选举原则：不定调子、不画框框、不提名候选人，充分相信群众，由他们选出自己信得过的人。经过三轮选举，老百姓信任的村委会被选出来了。

1997年江泽民同志在党的十五大报告中指出：“扩大基层民主，保证人民群众直接行使民主权利，依法管理自己的事情，创造自己的幸福生活，是社会主义民主最广泛的实践。扩大农村基层民主，保证农民直接行使民主权利，是社会主义民主在农村最广泛的实践，也是充分发挥农民积极性、促进农村两个文明建设、确保农村长治久安的一件根本性的大事。要在农村基层实行民主选举、民主决策、民主管理、民主监督。”十七大以后，又将“基层群众自治制度”确立为我国民主政治的四项制度之一。

1998年颁布的《中华人民共和国村民委员会组织法》，采纳了梨树县“海选”的多项实践经验。此后“海选”在中国农村遍地开花。农村基层群众自治组织呈现出强大的生命力，在实践中不断发展壮大。目前全国已有95%以上的村实行了“海选”。“海选”唤醒了亿万农民沉睡千年的民主意识，释放了农村蕴藏的活力，改善了干群关系，巩固了党的执政基础。开创了中国特色基层民主政治的新模式，充分体现了人民当家做主社会主义优越性。

（三）科学发展观指导下的社会主义民主政治建设

党的十六大、十七大以来，以胡锦涛同志为主要代表的中国共产党人，在坚持邓小平理论、“三个代表”重要思想的基础上，对中国特色社会主义民主政治建设积极探索，创造性地提出来一系列重大战略思想，为社会经济又好又快发展提供了强大的理论支撑和思想保障。

1. 科学发展观指导下的社会主义民主政治建设的主要内容

(1) 人民民主是社会主义的生命

新时期面对我国经济社会发展中出现的一系列新问题、新挑战，胡锦涛同志在党的十六届三中全会正式提出了“以人为本，全面协调可持续”的科学发展观。什么是“以人为本”，胡锦涛同志在十七大报告更加科学完整地表述为：“要始终把实现好、维护好、发展好最广大人民的根本利益作为党和国家一切工作的出发点和落脚点，尊重人民主体地位，发挥人民首创精神，保障人民各项权益，走共同富裕道路，促进人的全面发展，做到发展为了人民、发展依靠人民、发展成果由人民共享。”

坚持“以人为本”，突出了人的主体地位和权利。“以人为本”的理念在社会主义民主政治层面的体现，就是胡锦涛同志在党的十七大报告中所指出的：“人民民主是社会主义的生命。”这标志着我党对社会主义民主政治建设的认识上升到一个新的高度，同时也显示了我党发展社会主义民主政治的坚定决心。

(2) 确立中国特色的政治发展道路

2007 年，胡锦涛同志在党的十七大报告中对中国特色社会主义政治发展道路做了精辟概括："要坚持中国特色社会主义政治发展道路，坚持党的领导、人民当家做主、依法治国有机统一，坚持和完善人民代表大会制度、中国共产党领导的多党合作和政治协商制度、民族区域自治制度以及基层群众自治制度，不断推进社会主义政治制度自我完善和发展。"

中国特色社会主义民主发展道路中的"一个统一"、"四项制度"是对我国民主政治建设实践经验的深刻总结，是在立足中国历史和国情的基础上对民主政治建设提出的总体要求，符合最广大人民的根本利益，能够保障国家长期稳定发展，能够在促进经济社会发展中体现出明显的制度优势。

（3）抓好政治建设和政治体制改革的重要任务

胡锦涛同志在党的十八大报告中提道："政治体制改革是我国全面改革的重要组成部分。必须继续积极稳妥推进政治体制改革，发展更加广泛、更加充分、更加健全的人民民主。必须坚持党的领导、人民当家作主、依法治国有机统一，以保证人民当家作主为根本，以增强党和国家活力、调动人民积极性为目标，扩大社会主义民主，加快建设社会主义法治国家，发展社会主义政治文明。"

推进政治建设和政治体制改革要抓好以下儿点重要任务：一是要"支持和保证人民通过人民代表大会

行使国家权力”。二是要“健全社会主义协商民主制度”。三是要“完善基层民主制度”。四是要“全面推进依法治国”。五是要“深化行政体制改革”。六是要“健全权力运行制约和监督体系”。七是要“巩固和发展最广泛的爱国统一战线”。

“中国特色社会主义政治发展道路是团结亿万人民共同奋斗的正确道路。我们一定要坚定不移沿着这条道路前进，使我国社会主义民主政治展现出更加旺盛的生命力。”[①]

2. 从“人权”看中国民主政治建设成果

“人权”泛指人身自由和其他民主权利，主要包括生存权、经济权、政治权和文化权等。而公民在政治上应该享有的自由和民主权利，一般也被称作“人权”。

2013 年，美国政府发表了《2012 年国别人权报告》，再一次对包括中国在内的 190 多个国家的人权状况指手画脚、说三道四。其中的涉华部分不顾中国人权取得的历史性进步，继续歪曲事实，无端攻击中国人权状况，指责中国民族、宗教和司法制度。

① 胡锦涛：《坚定不移沿着中国特色社会主义道路前进　为全面建成小康社会而奋斗》，人民出版社 2012 年版。

然而据维基揭密网站公布的数据显示，2003 年至 2010 年美国发动的伊拉克战争中，有 28.5 万人伤亡，至少 10.9 万人丧生，其中 63%为平民。

美国在“人权”方面欠账累累，所以“别再拿中国人权说事儿”。

中国共产党在全面推进改革开放和社会义现代化建设过程中，始终将尊重和保障人权作为治国理政的重要原则，积极推进人权事业的发展。

1991 年 11 月 1 日，国务院新闻办公室发表《中国的人权状况》白皮书，首次以政府文件的形式肯定人权在中国社会主义政治发展中的地位，明确指出了实现人权是“长期以来人类追求的理想”，也是中国社会主义所要求的“崇高目标”，“是中国人民和政府一项长期的历史任务”。党的十五大和十六大进一步将“尊重和保障人权”写入党的全国代表大会政治报告，确立为共产党执政和国家民主法制建设的一项重要内容。2007 年，党的十七大报告明确提出，要“尊重和保障人权，依法保证全体社会成员平等参与、平等发展的权利”。

2012 年国务院新闻办公室公布了《国家人权行动计划（2012－2015 年）》，这是我国第二个以人权为主题的国家规划，是我国落实尊重和保障人权宪法原则的一项重大举措。

同时，我党还注重建立和完善保障人权的法律制度。2004 年 3 月，十届全国人大二次会议通过宪法修正案，首次将“人权”概念引入宪法，明确规定“国家尊重和保障人权”，从而使尊重和保障人权由党和政府文件的政策性规定上升为国家根本大法，体现了党的主张、国家意志和人民愿望的统一。以宪法为核心，我国制定和完善了一系列保障人权的法律制度，其中涉及公民生命权、人身自由和人格尊严、政治权利、宗教信仰自由、劳动者权益等内容。我国人权保障事业不断法律化、制度化。2012 年 3 月 14 日的全国人代会上，又将“尊重和保障人权”写入了新修订的《中华人民共和国刑事诉讼法》中。

事实证明，中国人权事业发展与中国具体国情相结合，中国共产党为尊重和保障人权、扩大民主、加强法治始终进行着不懈的努力，并取得丰硕的成果。

三、发展社会主义先进文化

诺贝尔文学奖有了中国得主

2012 年 10 月 11 日，年度诺贝尔文学奖揭晓，中国作家莫言获奖。莫言成为首位荣获此奖的中国作家。这也成为中国人津津乐道的文化事件。

一个国家的经济是否发达，要看这个国家的 GDP 总量在世界上的排名情况；一个国家运动水平的高低，要看这个国家运动员在奥运会上拿到的金牌的多少；而一个国家科技与文化的是否发达，则要看这个国家的科学家、文学家赢得诺贝尔奖的情况。莫言赢得了诺贝尔文学奖，这是中国文学与文化先进发达的表现，是中国文化实力使然。其实中国人早该赢得这一殊荣，就像一个有实力的考生却常常落榜一样，中国人之所以一直以来都有浓重的诺贝尔情结，就是因为我们需要这样一个指标来证明我们本已存在的实力。

一个世界级的大奖，如果不能颁给有着优秀的传统文化、有着灿烂的当代文化与艺术创作成就的国家的人，那么遗憾的就不仅仅是这个国家，还有这个奖项本身。

莫言的获奖还有着其更为深层的原因，这就是中国自改革开放以来在经济、文化、政治等诸方面所取得的举世瞩目的成就，是中国作为一个有责任的大国日益在国际事务中所表现出的大国气度与风范，中国正在赢得世界越来越多的尊重。就此而言，我们可以说，这个奖不是发给莫言本人，而是发给全体中国人的。①

当今时代，文化在综合国力竞争中的地位日益重要。谁占据了文化发展的制高点，谁就能够更好地在激烈的国际竞争中掌握主动权。人类文明进步的历史充分表明，没有先进文化的积极引领，没有人民精神世界的极大丰富，没有全民族创造精神的充分发挥，一个国家、一个民族不可能屹立于世界先进民族

① 丁国旗：《央视评莫言获奖：中国很高兴，世界也很高兴》，东方新闻，2012 年 10 月 11 日。

之林。

中国共产党领导人民发展社会主义先进文化，建设社会主义精神文明，实行依法治国和以德治国相结合，提高全民族的思想道德素质和科学文化素质，为改革开放和社会主义现代化建设提供强大的思想保证、精神动力和智力支持，建设社会主义文化强国。从邓小平理论到科学发展观，文化建设思想既一脉相承又与时俱进。探讨他们的文化建设思想的丰富内涵，对推动社会主义文化大发展大繁荣具有重要的指导意义和作用。

（一）从邓小平理论到科学发展观——我国社会主义先进文化建设思想的演进过程

1. 邓小平理论指导下的社会主义文化建设

1978 年 12 月中共十一届三中全会的召开，开启了中国社会主义现代化建设的新篇章。随着改革开放事业的推进，引起了人们经济生活、社会生活、工作方式、精神状态等一系列深刻变化，人们逐渐意识到，中国的改革还需要文化心理、价值观念的变革。以邓小平同志为主要代表的中国共产党人，在加强物质文明建设的同时，不失时机地提出加强精神文明建设的重要命题。

(1) 从“为政治服务”到“为社会主义服务”

在新民主主义革命时期，毛泽东同志提出文化工作要“为人民大众（工农兵）服务、为政治服务”。这一政策指导了抗日战争后期解放区的文艺创作和新中国成立以后文艺创作的发展。但在后期这一口号的弊端逐渐暴露，在文化领域以阶级斗争为纲，经常地对文化工作者和文艺作品“上纲上线”、发动群众批判。文化工作的主流和成绩不容否定，否则会被视为“文化思想界的一条‘反党反社会主义的黑线’专了政”。

“文革”结束后，党的工作重点转移到社会主义现代化建设上来，我党总结新中国成立后文化工作“左”的教训，决定不再提“文艺从属于政治”、“文艺为政治服务”的口号，改为文艺“为人民服务，为社会主义服务”。1980 年 1 月 16 日，邓小平同志在《目前的形势和任务》的讲话中指出：我们现在“不继续提文艺从属于政治这样的口号，因为这个口号容易成为对文艺横加干涉的理论根据，长期的实践证明它对文艺的发展利少害多。但是，这当然不是说文艺可以脱离政治。文艺是不可能脱离政治的。任何进步的、革命的文艺工作者都不能不考虑作品的社会影响，不能不考虑人民的利益、国家的利益、党的利益。培养社会主义新人就是政治……文艺工作对人民特别是青年的思想倾向有很大影响，对社会的安定团结有很大影响”。1981 年 1 月 29 日，《中共中央关于当前报刊新闻广播宣传方针的决定》明确提出了文艺“一定要坚持为人民服务，为社会主义服务的方向”。从而，纠正了长期存在的文艺与政治不正常的政策关系，体现了中国共产党对文艺与政治关系的认识不断深化。

(2) 建设高度的社会主义精神文明

1979 年 10 月 30 日，邓小平同志在中国文学艺术工作者第四次代表大会上首次提到“精神文明建设”。他说：“我们在建设高度物质文明的同时，提高全民族的科学文化水平，发展高尚的丰富多彩的文化生活，建设高度的社会主义精神文明。”什么是“精神文明”，邓小平同志解释说：“所谓精神文明，不但是指教育、科学、文化（这是完全必要的），而且是指共产主义的思想、理念、信仰、道德、纪律、革命的立场和原则，人与人的同志式关系等。”① 1986 年 9 月 26 日，党的十二届六中全会通过了《关于社会主义精神文明建设指导方针的决议》（以下简称《决议》），这是我党制定的第一个关于精神文明建设的决定。该《决议》对建设社会主义精神文明做了全面的阐述，明确了社会主义精神文明建设的根本任务，即“适应社会主义现代化建设的需要，培育有理想、有道德、有文化、有纪律的社会主义公民，提高整个中华民族的思想道德素质和科学文化素质”。1987 年 10 月，党的十三大提出了党在社会主义初级阶段的基本路线，确定要把我国建设成为富强、民主、文明的社会主义现代化国家，把精神文明与经济富强和政治民主并列为我国现代化建设的战略目标。

社会主义精神文明理论的形成和发展过程，体现了以邓小平为代表的中国共产党人在领导改革开放和现代化建设的伟大实践中，对社会主义文化建设问题全面系统的理论思考和探索。为中国特色社会主义文化建设指明了正确的方向，是新时期推进国家文化发展战略的指导思想。

---

① 邓小平：《邓小平文选》（第 2 卷），人民出版社 1994 年版，第 367 页。

(3) 教育要面向现代化、面向世界、面向未来

邓小平同志十分尊重知识、尊重人才。他说："我们国家要赶上世界先进水平，从何着手呢？我想，要从科学和教育着手。"1977 年 7 月第三次复出的邓小平同志着手做的第一件事就是恢复中断了 11 年的中国高考制度，邓小平同志从培养人才的大局出发，关心和爱护知识青年，亲自过问制定了许多重大政策，诸如改变录取比例，扩大招生范围等。当年报考人数增加到 610 万，创造了新中国成立以来高等学校报考人数的纪录。因拿不出足够的纸来印考卷，为了解决 77 级的考卷用纸，邓小平同志当即决定，调用印刷《毛泽东选集》第 5 卷的纸张。这年的冬天，中国关闭了 11 年的高考闸门终于再次开启。这也是共和国历史上唯一的一次冬季高考。30 余年来，这一"国考"深刻影响了 3000 多万人的命运，也深刻地影响了整个国家的命运。

1983 年 10 月 1 日，邓小平同志为北京景山学校题词："教育要面向现代化、面向世界、面向未来。"邓小平同志对教育领域的"三个面向"的提法，为整个新时期文化发展指明了方向。党的十五大把"三个面向"正式作为社会主义初级阶段文化建设的整个战略方针确定下来。"三个面向"的方针为新时期中国文化建设和发展提供了一个广阔的时空视野，避免了

新中国成立以来“古今中西”文化关系的绝对化倾向。

2. “三个代表”重要思想指导下的社会主义文化建设

20 世纪 80 年代末 90 年代初，随着东欧剧变和苏联解体，国际形势发生深刻变化。西方国家对社会主义中国进行的“和平演变”变本加厉。我国文化安全形势面临着“文化殖民主义”、“文化霸权主义”的威胁。同时国内社会转型对文化产生了深刻影响。在此情况下，以江泽民同志为主要代表的中国共产党人，着眼于文化建设新的形势，对如何发展中国优秀传统文化、如何维护国家文化安全、如何保持党的先进性进行了创造性回答，从而极大丰富了我国社会主义的文化建设思想。

(1) 建设社会主义精神文明

在精神文明建设问题上，江泽民同志的一个重大贡献是揭示了社会主义文化和社会主义精神文明的关系。1997 年的十五大报告中，江泽民同志指出：“中国特色社会主义文化，就其主要内容来说，同改革开放以来我们一直倡导的社会主义精神文明是一致的，文化相对于经济、政治而言。精神文明相对于物质文明而言。建设有中国特色社会主义的文化，就是以马克思主义为指导，以培育有理想、有道德、有文化、有纪律的公民为目标，发展面向现代化、面向世界、面向未来的，民族的科学的大众的社会主义文化。”① 这是关于社会主义初级阶段文化建设的纲领性阐述。以江泽民同志为主要代表的中国共产党人在吸收邓小平理论中关于社会主义精神文明思想的基础上，赋予了中国特色社会主义文化以全新的内涵，进一步指明了我国社会主义文化建设的战略目标和根本任务。

(2) 中国共产党始终代表先进文化的前进方向

2001 年，江泽民同志在庆祝中国共产党成立八十周年大会上指出：“坚持什么样的文化方向，推动建设什么样的文化，是一个政党在思想上和精神上的一面旗帜。中国共产党始终代表中国先进文化的前进方向，是‘三个代表’重要思想的基本内涵之一。”这一论述体现了文化建设对党的建设的重要意义，是中国特色社会主义文化建设的一个重要的理论创新成果。一个执政党，只有大力发展先进文化，坚持以科学的理论武装人，以正确的舆论引导人，以高尚的精神塑造人，以优秀的作品鼓舞人，不断培养一代又一代有理想、有道德、有文化、有纪律的公民，才能保持自己的先进性，才能不断巩固执政地位。

---

① 江泽民：《江泽民文选》（第 2 卷），人民出版社 2006 年版，第 33 页。

（3）文化是综合国力的重要标志

在当今世界，随着知识经济与科技革命的不断发展，人们对文化和科技在整个经济生活和社会生活中的作用的认识不断提高和深化，知识、文化、价值观念等在综合国力中的作用和地位日益突出。从一定意义上可以说，以文化实力为核心的软实力影响着经济实力和军事实力的发挥。谁掌握了先进的知识和文化，谁就在日趋激烈的综合国力竞争中占据优势。以江泽民同志为主要代表的中国共产党人，紧紧把握世界政治、经济和文化发展的新趋势，在十五大报告中提出："有中国特色社会主义的文化，是凝聚和激励全国各族人民的重要力量，是综合国力的重要标志。"这一提法，从凝聚力、综合国力方面，揭示了文化建设在现代化建设中的地位和作用。关于文化是综合国力重要标志的论断，是我党对邓小平理论中文化建设思想的发展，是关于文化建设属于社会主义现代化建设的重要组成部分的深刻认识。

3. 科学发展观指导下的社会主义文化建设

党的十六大以来，社会生活的多元化带来了价值观念的多元化。为形成社会凝聚力，亟须社会核心价值观引领多元化的社会思潮。同时，西方发达国家凭借文化软实力将其价值观念作为普世价值向全世界推销。我党在科学判断国际国内形势，在全面把握当今世界文化发展趋势的基础上，提出构建社会主义核心价值体系、建设社会主义和谐文化以及提高国家文化软实力等新思想、新观点，进一步丰富了社会主义文化建设思想的内容。

(1) 建设和谐文化，构筑社会主义核心价值体系

2006 年 10 月，党的十六届六中全会对构建社会主义和谐社会做了系统阐述，并明确指出："建设和谐文化，是构建社会主义和谐社会的重要任务。社会主义核心价值体系是建设和谐文化的根本。"

所谓和谐文化，"是人类社会在历史发展中形成的以和谐为思想内核和价值取向，融思想观念、理想信念、社会风尚、行为习惯、制度体制于一体的文化形态。它既包含和反映着人们对和谐社会的总体认识、基本理念和理想追求，也包括对社会发展的总体认知和基本评判、实践取向和制度构建"。①

建设和谐文化，最根本的就是要坚持社会主义核心价值体系。社会主义核心价值体系从最基本的层面看，包括四个方面：一是马克思主义指导思想，这是我们立党立国的根本指针，是社会主义意识形态的灵

① 红旗出版社编辑部：《党的创新理论——十六大以来党中央提出的一系列重大战略思想和理论观点》，红旗出版社 2007 年版，第 81 页。

魂。二是中国特色社会主义共同理想，这是实现中华民族伟大复兴的必由之路，是全国各族人民团结奋斗的强大动力。三是以爱国主义为核心的民族精神和以改革创新为核心的时代精神，这是中华民族生生不息、薪火相传的精神支撑，是当代中国人民不断创造崭新业绩的力量源泉。四是以“八荣八耻”为主要内容的社会主义荣辱观，这是中华民族传统美德、优秀革命道德与时代精神的完美结合，是市场经济条件下判断行为得失、确定价值取向、做出道德选择的基本准则。

社会主义核心价值体系的提出，立足于中国社会发展的实际，根植于中华民族传统，与和谐社会建设的战略目标一致，与人类社会发展趋势一致，是我党再次向世人展现的思想上精神上的一面新旗帜。

（2）社会主义荣辱观是引领社会风尚的道德导向

2006 年 3 月 4 日，胡锦涛同志在看望出席全国政协十届四次会议的委员时指出：“在我们的社会主义社会里，要引导广大干部群众特别是青少年树立社会主义荣辱观，坚持以热爱祖国为荣、以危害祖国为耻，以服务人民为荣、以背离人民为耻，以崇尚科学为荣、以愚昧无知为耻，以辛勤劳动为荣、以好逸恶劳为耻，以团结互助为荣、以损人利己为耻，以诚实守信为荣、以见利忘义为耻，以遵纪守法为荣、以违法乱纪为耻，以艰苦奋斗为荣、以骄奢淫逸为耻。”这一概括精辟地阐明了社会主义荣辱观的深刻内涵，对明确是非、善恶、美丑界限，推动形成良好社会风气，具有重要的指导意义。

胡锦涛同志关于“八荣八耻”的论述反映了社会主义市场经济发展的客观要求，反映了广大人民群众对树立良好社会风气的强烈愿望，体现了社会主义先进文化建设的基本要求。

（3）扎实推进社会主义文化强国战略

文化是民族的血脉，是人民的精神家园，全面建成小康社会，实现中华民族伟大复兴，必须推动社会主义文化大发展大繁荣，兴起社会主义文化建设新高潮，提高国家文化软实力，发挥文化引领风尚、教育人民、服务社会、推动发展的作用。

2012 年 11 月 8 日，胡锦涛同志在党的十八大报告中指出：“建设社会主义文化强国，必须走中国特色社会主义文化发展道路，坚持为人民服务、为社会主义服务的方向，坚持百花齐放、百家争鸣的方针，坚持贴近实际、贴近生活、贴近群众的原则，推动社会主义精神文明和物质文明全面发展，建设面向现代化、面向世界、面向未来的，民族的科学的大众的社会主义文化。”[①] 把“社会主义文化强国建设”作为一个重要命题正式写入党的报告，是我党根据国内外发展形势做出的重大决策，表明我党正式把提高国家文化软实力、发展社会主义文化作为增强综合国力和实现中华民族伟大复兴的战略着眼点。

（二）改革开放以来社会主义文化建设成果展示

1. 思想道德建设，铸造伟大民族精神

一个民族总是在最关键的时刻，彰显其精神的力量。

1998年的夏天，大暴雨一场接着一场，奔腾不息的长江，转瞬间变成了一条暴怒的巨龙，疯狂地撕咬着千里江堤。荆江、武汉、九江连连告急。灾情就是命令，灾区就是战场。在这万分危急的关头，几十万解放军官兵日夜兼程，朝着大江挺进。他们和几百

① 胡锦涛：《中国共产党十八大报告——坚定不移沿着中国特色社会主义道路前进，为全面建成小康社会而奋斗》，2012年11月8日。

万人民群众一起，打响了气壮山河的大江保卫战。

2008 年 5 月 12 日下午 14 时 28 分，四川汶川地区 8 级大地震爆发。霎时间，山崩地裂，房屋倾垮，大地悲泣，温馨的家园被夷为平地。在这生死时刻，各级领导到了，抢险部队到了，全国各地的捐助到了……在那场旷世灾难中，无数英雄用自己的热血、生命和默默无闻的奉献，书写了一曲曲慷慨壮美的精神之歌。

2008 年 8 月、9 月间，刚刚遭受重大地震灾害的中国人民张开双臂，热情迎接五洲宾朋。举世瞩目的北京奥运会和残奥会获得巨大成功。以为国争光的爱国精神、艰苦奋斗的奉献精神、精益求精的敬业精神、勇攀高峰的创新精神、团结协作的团队精神为主要内容的奥运精神，极大激发了全国各族人民的爱国热情，赢得了国际社会的广泛赞誉。

“98 抗洪抢险精神”、“5·12 抗震救灾精神”与“奥运精神”集中展现了中华民族不屈不挠、奋发向上的精神，无愧为社会主义道德建设 30 年最重大的成果之一。

2. 科学技术发展，硕果累累

改革开放 30 多年来，我国的科学技术事业取得了举世瞩目的成就，科技实力显著提升，与世界先进水平的差距在进一步缩小，在一些重点领域和尖端领域涌现出了一系列有着深远影响的重大成果。

在航天科学领域，我国掌握了卫星回收和一箭多星等技术。2012 年 6 月 29 日，天宫一号与神舟九号载人交会对接任务的圆满成功，实现了我国空间交会对接技术的又一重大突破，标志着我国载人航天工程第二步战略目标取得了具有决定性意义的进展。

在信息技术领域，银河系列巨型计算机研制成功，量子信息领域避错码被国际公认为量子信息领域最令人激动的成果，纳米电子学超高密度信息存储研究获突破性进展。2012 年 9 月“神威蓝光千万亿次高效能计算机系统”通过科技部专家组验收，这标志着我国成为继美国、日本之后第三个能够采用自主 CPU 构建千万亿次计算机的国家。

在生物科学领域，解决了亿万人吃饭问题的杂交水稻技术取得重大突破，并且完成水稻基因图谱的绘制。2012 年 1 月，“重组戊型肝炎疫苗（大肠埃希菌)”获得国家一类新药证书和生产文号，标志着我国成为世界上第一个用于预防戊型肝炎的疫苗。这是全世界戊肝预防与控制领域的一个重大突破。

这一系列的科学技术成果，有力地推动了我国高新技术的发展和国家综合国力的提升。

3. 中华文化，走出国门

2013 年，国家主席习近平访问非洲国家坦桑尼亚，演讲时他提到“中国电视剧《媳妇的美好时代》在坦桑尼亚热播，这使坦桑尼亚观众了解到中国老百姓家庭生活的酸甜苦辣”。该剧打开了文化交流的一扇窗，成为文化输出海外的成功代表。

自 2004 年 11 月全球首家孔子学院在韩国成立以来，已有达 300 家孔子学院遍布全球近百个国家和地区（美国及欧洲最多），成为推广汉语教学、传播中国文化及国学的全球品牌和平台。

中国文明曾对世界文明产生过重大影响，随着我国经济发展和国际地位的提升，灿烂悠久的中国文化正越来越引起世界新一轮的关注。越来越多的中国元素为当今世界时尚和文学、影视作品提供了创作灵感，成为热门题材。世界许多国家人民的生活也都在或多或少地受着中国文化的影响。世界需要中国文化，中华文化“走出去”是大势所趋、历史的必然。

四、构建社会主义和谐社会

为了农民工兄弟

现实生活中有这样一个人，他是县里人力资源和社会保障局副局长、劳务工作站站长。为保障外出务工人员的合法利益，从 2007 年 9 月起，他先后深入多家用工企业，以农民工的身份应聘到企业“卧底”打工。不曾想，一“卧底”就是好几年。他几次进出工厂和农民工子弟学校，当过组装工、装卸工，看过仓库，当过“猪倌”。他曾应聘到一家中等规模的饰品厂，待遇和条件很不错：保底工资不低，因工作需要加班，厂里会补发加班费，还有免费的工作餐。一个月后，他介绍了 20 多名老乡过来，事先郑重其事和老板谈好条件：报销工人过来的车费，每月的工资按时发，尽量给工人安排技术性岗位……

有人说他这样做太辛苦了，他却认个死理："别总觉得老百姓抱怨多，其实他们讲究的就是实在和信任。你提供的用工信息与实际情况相差十万八千里，怎么指望大伙儿相信你？我们当官的，如果今天的事情都做不好，又怎么指望让老百姓相信你描绘的蓝图？"

他爱给自己找麻烦，很多农民工朋友都有他的手机号，他早已把自己当成了他们中的一分子。"我们再辛苦，终究背后是有组织依靠的，而农民工呢？他们漂泊异乡，无依无靠，那是真的辛苦！"

他就是 2012 年"感动中国"人物——陈家顺。作为一名共产党员，陈家顺践行了"为人民服务、对人民负责"的承诺。社会需要关爱、需要和谐，所以就需要千千万万个陈家顺。

中国共产党领导人民构建社会主义和谐社会。按照民主法治、公平正义、诚信友爱、充满活力、安定有序、人与自然和谐相处的总要求和共同建设、共同享有的原则，以保障和改善民生为重点，解决好人民最关心、最直接、最现实的利益问题，使发展成果更多更公平地惠及全体人民，努力形成全体人民各尽其能、各得其所而又和谐相处的局面。加强和创新社会管理。严格区分和正确处理敌我矛盾和人民内部矛盾这两类不同性质的矛盾。加强社会治安综合治理，依法坚决打击各种危害国家安全和利益、危害社会稳定和经济发展的犯罪活动和犯罪分子，保持社会长期稳定。[①]

（一）社会主义和谐社会理论的探索过程

1. 邓小平理论指导下的社会建设

(1) 什么是社会主义，怎样建设社会主义

"什么是社会主义，怎样建设社会主义?"这一命题是对我国社会主义建设经验的深刻总结。党的十一届三中全会后，邓小平同志提出："搞社会主义，一定要使生产力发达，贫穷不是社会主义，要建设对资本主义具有优越性的社会主义，首先要摆脱贫困，现在虽说我们也搞社会主义，但事实上不够资格。只有到了下世纪中叶，达到中等发达国家水平，才能说真的搞了社会主义，才能理直气壮地说社会主义优于资

① 《中国共产党章程》（中国共产党第十八次全国代表大会部分修改），人民出版社 2012 年版。

本主义。”[①] 这一论断逐步把人们对社会主义的认识从过去的错误观念中解放出来。对社会主义的本质，科学地回答就是“解放生产力、发展生产力，消灭剥削，消除两极分化，最终达到共同富裕”。一个以共同富裕为目标，发展成果由全体人民共享的社会必定是一个和谐社会。邓小平同志对社会主义本质的回答，为社会主义社会建设理论奠定了科学的思想基础。

（2）始终从人民的利益出发搞好社会建设

邓小平同志强调社会主义建设的根本出发点和归宿是人民利益，即“人民拥不拥护，人民赞成不赞成，人民高不高兴，人民答应不答应”。人民群众是历史的创造者，实践的主体。社会建设的成效，关键在我们的行动是否符合最广大人民的根本利益。因此，社会建设要着眼于人民生活水平的改善和提高。邓小平同志认为通过发展生产力所创造和积累起来的社会财富，是属于全体人民的，即创造的财富，第一归国家，第二归人民。国家拿到一部分，也是为了人民，搞点国防，更大部分用来发展经济、发展教育和科学，改善人民生活，提高人民文化水平。邓小平同

① 邓小平：《邓小平文选》（第 3 卷），人民出版社 1993 年版，第 225 页、第 373 页。

志关于“始终从人民的利益出发搞好社会建设”的理念，明确了社会主义社会的最终目的，成为中国特色社会主义理论形成初期的民生思想。

(3)“三步走”战略与小康社会

“小康”最早出自《诗经·大雅篇》：“民亦劳止，汔可小康。”意思是说人民劳累困苦，希望过安逸的生活。

1979年12月6日，邓小平同志会见日本首相大平正芳时首次使用小康这一概念，他把人均国民生产总值800～1000美元，低于发达国家标准的“中国式现代化”，称之为“小康之家”、“小康的国家”。

1987年11月召开的党的十三大明确了邓小平同志的三步走战略思想，即第一步，从1981年到1990年实现国民生产总值比1980年翻一番，解决人民的温饱问题；第二步，从1991年到20世纪末，使国民生产总值再增长一倍，人民生活达到小康水平；第三步，到21世纪中叶，人均国民生产总值达到中等发达国家水平，人民生活比较富裕，基本实现现代化。从此，“小康”的含义由原来较单一的经济问题拓展到一个较为全面的社会概念。

小康社会思想丰富和发展了我们党对中国社会主义现代化过程的认识和理解。

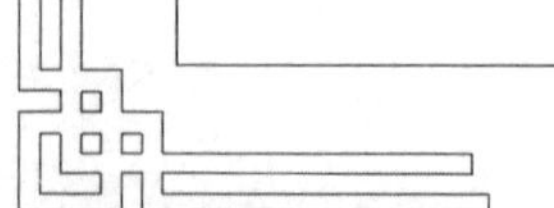

2. “三个代表”重要思想指导下的社会建设

(1) 正确处理改革、发展、稳定的关系

1994 年 5 月 5 日，江泽民同志在上海市考察工作中指出：“中央确定了全党全国工作的大局，这就是抓住机遇、深化改革、扩大开放、促进发展、保持稳定。”概括来说，就是正确处理改革、发展、稳定三者关系。改革是动力，发展是目标，稳定是前提。没有改革，我们就不可能走出一条建设有中国特色社会主义的正确道路，我们的事业就不可能顺利前进；没有发展，我们就不可能实现现代化，也就不可能保持党和国家长治久安；没有稳定，改革和发展都无从进行。[①] 我党提出的改革、发展、稳定的各项任务，符合人民群众的根本利益，这正是建设和谐社会的必然要求。

(2) 新时期“三步走”战略和全面建设小康社会

在邓小平同志提出的“三步走”战略的基础上，江泽民同志在党的十五大上指出：“21 世纪我们的目标是，第一个十年实现国民生产总值比 2000 年翻一番，使人民的小康生活更加宽裕，形成比较完善的社会主义市场经济体制；再经过十年的努力，到建党一

① 《中国共产党第十六次全国代表大会文件汇编》，人民出版社 2002 年版，第 78 页。

百年时，使国民经济更加发达，各项制度更加完善；到世纪中叶建国一百年时，基本实现现代化，建成富强、民主、文明的社会主义国家。”江泽民同志在党的十六大报告中重申：“根据十五大提出的到 2010 年、建党一百年和新中国成立一百年的发展目标，我们要在本世纪头 20 年，集中力量，全面建设惠及十几亿人口的更高水平的小康社会，使经济更加发展、民主更加健全、科教更加进步、文化更加繁荣、社会更加和谐、人民生活更加殷实。经过这个阶段的建设，再继续奋斗几十年，到本世纪中叶基本实现现代化，把我国建成富强、民主、文明的社会主义国家。”

3. 科学发展观指导下的社会建设

进入 21 世纪以来，我国进入了全面建设小康社会，加快推进社会主义现代化的新阶段。以胡锦涛同志为主要代表的中国共产党人，坚持以邓小平理论和“三个代表”重要思想为指导，在深入分析我国经济社会发展的阶段性特征、准确把握世界发展趋势、汲取国内外发展经验教训的基础上，向世人展示了构建社会主义和谐社会更加美好的前景。

（1）将社会建设纳入社会主义事业的总体布局

社会主义社会建设是与广大人民群众利益密切相关的各项社会事业，重点是教育、就业、收入分配、社会保障、医疗卫生、社会管理等。随着我国经济社会的发展，中国特色社会主义事业的总体布局更加明显。2005 年 2 月胡锦涛同志在省部级领导干部提高构建社会主义和谐社会能力专题研讨班上的讲话中指出："中国特色社会主义事业的总体布局，更加明确地由社会主义经济建设、政治建设、文化建设三了位一体发展为社会主义经济建设、政治建设、文化建设、社会建设四位一体。"在这次讲话中，胡锦涛同志对社会主义和谐社会做出精辟概括：我们所要建设的社会主义和谐社会，应该是民主法制、公平正义、诚信友爱、充满活力、安定有序、人与自然和谐相处的社会。这六个方面为我们描绘了社会主义和谐社会的美好图景，其核心是处理好人与人之间、人与社会之间、人与自然之间的关系。

将社会建设纳入社会主义事业的总体布局，是我党对中国特色社会主义理论体系的进一步深化，体现了我党对社会主义建设规律和内容认识的不断发展和完善。

（2）构建社会主义和谐社会的目标和主要任务

和谐社会是中国特色社会主义的本质属性，是国家富强、民族振兴、人民幸福的重要保障。2006 年 10 月，党的十六届六中全会审议通过了《中共中央构建社会主义和谐社会若干重大问题的决定》（以下简称《决定》)。该《决定》提到了到2020年构建社会主义和谐社会的目标和主要任务:“一、社会主义民主法制更加完善,依法治国基本方略得到全面落实,人民的权益得到切实尊重和保障;二、城乡区域发展差距扩大的趋势逐步扭转,合理有序的收入分配格局基本形成,家庭财产普遍增加,人民过上更加富足的生活;三、社会就业比较充分,覆盖城乡居民的社会保障体系基本建成;四、基本公共服务体系更加完备,政府管理和服务水平有较大提高;五、全民族的思想道德素质、科学文化素质和健康素质明显提高,良好道德风尚、和谐人际关系进一步形成;六、全社会创造活力明显增强,创新性国家基本建成;七、社会管理体系更加完善,社会秩序良好;八、资源利用效率明显提高,生态环境明显好转;九、实现全面建设惠及十几亿人口的更高水平的小康社会的目标,努力形成全体人民各尽其能、各得其所而又和谐相处的局面。”① 这九条目标鲜明地体现了社会主义和谐社会的科学内涵。

① 中央政策文献研究室:《十六大以来重要文献选篇》,中央文献出版社2006年版,第703页。

（二）在改善民生和创新管理中加强社会建设

在2012年党的十八大报告中，胡锦涛同志指出："加强社会建设，是社会和谐稳定的重要保证。必须从维护最广大人民根本利益的高度，加快健全基本公共服务体系，加强和创新社会管理，推动社会主义和谐社会建设。"

1. 努力办好人民满意的教育

"教育是民族振兴的基石，教育公平是社会公平的重要基础。"

十一届三中全会后，中国教育逐步恢复，并走上教育现代化道路。1977年，在中国改革开放总设计师邓小平同志的倡导下，恢复了因"文化大革命"一度中断的全国高校招生统一考试制度。此后，中央决定从大、中、小学校撤出工宣队，撤销红卫兵、红小兵组织，恢复中国少年先锋队，恢复大规模派遣留学生，并首次向美国派送留学生，恢复职称等制度。中国社会重新迎来了尊重知识、尊重人才的春天。

1986年我国通过《义务教育法》，将基础教育的管理权下放给地方，建立起省、县、乡分级管理。义务教育管理体制，调动了地方的积极性，对促进基础教育的发展发挥了积极的作用。经过10多年奋斗，中国终于在2000年实现了基本普及九年义务教育、基本扫除青壮年文盲（以下简称“两基”）目标，“两基”人口覆盖率超过85%，2007年进一步扩大到99%，跻身于免费义务教育水平较高国家行列。

十六大以来，随着科学发展观和建设和谐社会的任务的提出，教育工作的重点转向农村教育、义务教育、教育公平问题上来。

2005年5月，教育部发出《关于进一步推进义务教育均衡发展的若干意见》，正视和着手解决“择校热、上学难、上学贵”的问题。要求各级教育行政部门有效遏制城乡之间、地区之间和校际之间教育差距扩大的势头，要采取有效措施遏制义务教育阶段择校之风。坚持义务教育阶段公办学校免试就近入学，不得举办或变相举办重点学校。具有优质教育资源的公办学校不得改为民办或以改制为名实行高收费等。

2006年9月1日，修订后颁行的义务教育法明确规定：“实施义务教育，不收学费、杂费。”这一年，西部农村首先实施义务教育经费保障机制改革。2007年春天，这项改革推行到全国农村；同年秋季，全国农村义务教育在免交学杂费的同时，还免收教科书费，1.5 亿名学生因此受益。2006 年至 2010 年，国家财政将新增农村义务教育经费 2182 亿元。

2008 年春天，16 个省区市和 5 个计划单列市进行免除城市义务教育学杂费试点。到了秋季，全国所有城市免除义务教育学杂费。

改革开放以来，教育事业取得跨越式发展，促进教育公平制度建设显著加强，素质教育、教育体制改革取得实质性进展。各级各类教育的飞速发展，为国家建设输送了各种急需的人才，成为我国经济社会发展的强有力支撑。

2. 推动实现更高质量的就业

2013 年的上海，在昏黄的灯光下，城管李明巡视着上海市主干道上来往的车辆，一些掉土严重的土渣车是此次严查的对象。

这是一份苦差，更是一份容易被“妖魔化”的职业。去年 7 月，李明考入上海某区城管大队，拥有硕士学位的他和其他高学历新人一起，成为媒体焦点。相似的一幕如今再次上演。今年上海青浦区城管招人引来百名硕士报名，最终包括 16 名硕士在内的 55 人进入招录名单。其实拥有硕士学位的城管并非上海独有，近几年北京、广东、江苏、安徽、湖北等多省市都有硕士进入城管队伍。

李明把硕士争当城管的现象归结为就业压力和城管工作的稳定。

“现在就业压力这么大，而且这份工作稳定，一些难就业的专业硕士选择这份工作也很正常。因为现在上海公务员除部分公安、监狱外，均要求本科以上的学历，城管队员最低也要本科。”李明说。①

“编制”，这个富有中国特色的词语，在大学生的就业抉择中所占权重越来越大。改革开放初期，许多人主动跳出体制纷纷“下海”，曾一度形成风潮。而如今，年轻人却越来越偏爱“编制”，回归体制内，稳定性、低风险、高保障，被不少人视作体制内的优势。但专家指出，体制内诱惑的精髓之处，在于隐性权利、身份赋予等账面之外的好处，这也是众人逐鹿的真正动力。

就业是民生之本，是劳动者谋生的主要手段。我国是人口大国，劳动力资源丰富，这是促进经济发展的有力条件。同时，扩大就业的压力很大，严峻的就业形势是我国今后较长时间面临的重大课题。

胡锦涛同志在十八大报告中指出：“要贯彻劳动者自主就业、市场调节就业、政府促进就业和鼓励创

① 《一位硕士城管的自述》，人民网，2013 年 5 月 13 日。

业的方针，实施就业优先战略和更加积极的就业政策。引导劳动者转变就业观念，鼓励多渠道多形式就业，促进创业带动就业，做好以高校毕业生为重点的青年就业工作和农村转移劳动力、城镇困难人员、退役军人就业工作。加强职业技能培训，提升劳动者就业创业能力，增强就业稳定性。”

3. 提高人民健康水平

2012 年 1 月 5 日召开的全国卫生工作会议上，卫生部部长陈竺指出：“经过几年的努力，我国基本医疗卫生制度框架已初步建立，并成为中国特色社会主义制度的重要组成部分。”

目前，基本医疗卫生制度已作为公共产品初步向全民提供，真正实现了人民共享改革发展成果的理想。体现在：

第一，全国 95％的城乡居民有了基本医疗保障，居民不再“大病扛、小病拖”。

2011 年 8 月，吉林省公主岭市杨大城子镇农民郑树学的孙女，在省一所三甲医院做了先天性心脏病手术。新农合报销后再加上农村儿童大病保障，约 4 万元的手术费郑树学只承担了 10％，大大减轻了家里的负担。

大病是一个家庭因病致贫、因病返贫的重要因素之一。新医改加大对大病的救助力度，2011 年筹集资金 188 亿元。救助对象从低保家庭、五保户逐步覆盖到低收入重病患者、重度残疾人和低收入家庭的老年人。

我国全民基本医保体系初步形成。这个世界上最大的基本医疗保障安全网，为“病有所医”提供了制度保障，在人人享有基本医疗卫生服务方面迈出关键性步伐。

第二，基本药物零差率销售，采购价格下降 30％，群众用药负担下降。

2011 年 11 月，65 岁的赵贵荣大娘在黑龙江省东宁县三岔口朝鲜族镇中心医院住院治疗血栓，平均每天要点两瓶“血栓通”。她说，过去两瓶“血栓通”要 100 多元钱，报得也少。如今血栓通一瓶才二三十元钱，再加上新农合报销额度高，不再害怕看病了。

“救护车一响，一头猪白养。”长期以来，基层群众尤其是农民看病成本较高，其中很大一部分花在药费上。为此，我国实施了基本药物制度。按照新采购办法，各地陆续开展了基本药物新一轮采购，价格比上一轮采购价平均下降了 30％。群众用药负担下降，基层医务人员用药行为逐步得到规范。

药品价格下降、医保报销额度升高，这“一降一升”让老百姓得到了更多实惠，尤其是群众在基层就医时，更能感受到改革的好处。

第三，城乡基层医疗卫生机构逐步健全，居民实现就近看病。

2011 年 12 月，65 岁的重庆居民李薛渊说：“以前社区卫生服务中心条件很差，生病只好往大医院跑。如今，这里的环境好多了，设施也齐全，看病再也不用往大医院跑了。”

大医院人满为患，基层医疗卫生机构少人问津。为了让百姓就近看病，新医改着力加强基层医疗卫生机构的软硬件建设。

到 2011 年，中央支持建设的 2233 所县级医院(其中县级中医院 158 所)、6200 多所中心乡镇卫生院、2.5 万多所村卫生室已基本建成。目前已基本实现村村都有卫生室、乡乡都有卫生院、每个县都有达标县级医院。

同时，采取多种举措吸引人才下基层。2011 年，各地安排 1.5 万多名基层在岗人员进行全科医生转岗培训，为乡镇卫生院、城市社区卫生服务机构和村卫生室分别开展在岗培训 67.4 万人次、51.8 万人次、119.8 万人次。

覆盖城乡的基层医疗卫生服务网络基本建成，特别是老少边穷地区和农村医疗卫生资源不足的矛盾得到有效缓解。2012 年 1 月至 9 月，城乡居民到基层医疗卫生机构就医同比增加了3.1亿人次，增幅为13.2%。[①]

我国基本医疗卫生制度框架的确立，不仅将长久造福国民健康，也为医改这一世界性难题探索出了中国式的解决办法。

4. 加强和创新社会管理

2012年，山东济南市城管局发出倡议，希望沿街商场酒店宾馆等开放内部厕所，以缓解过往行人如厕难题。11月28日上午，市城管局举行“厕所开放联盟”成立仪式，联盟单位签署了“厕所开放联盟”文明公约，明确表示该联盟成员自愿加入，为行人免费提供如厕服务，并在醒目位置张贴统一标志，以供行人甄别。

据了解，济南市城管局之所以牵头成立“厕所开放联盟”，是因为市区公厕数量不足，公厕建设有历史欠账，目前还不能完全解决。尽管2013年在市区新改建公厕200余所，城管系统管理的公厕达到600余所，但是公厕的数量仍然跟不上城市发展的速度。再加上布局不合理，特别是在一些人流量大的广场、

① 李红梅：《我国基本医疗保障制度已覆盖全体城乡居民》，《人民日报》2012年2月26日。

商业街区，公厕这一“方便”之所更是显得非常不便。

市民反映，“以前逛街内急，如果不在大商场附近，找厕所很麻烦，现在有了开放式洗手间联盟，还贴上了标志，逛街‘方便’真是方便了！”“以前房屋虽破旧，但生活方便，而现在高楼林立，内急在当街找个厕所很难！开放沿街单位内厕，管用！这事儿不孬！”

企业开放内厕是其积极参与城市管理的重要表现，协助城管部门分担了社会责任。城管部门在倡导企业开放内厕的同时，应解决其后顾之忧。比如，联盟成员单位的厕所保洁由城管部门负责，或者给予成员单位一定的补贴等。公厕的发展需要“两条腿”走路，在鼓励社会力量参与“厕所开放联盟”缓解行人如厕难题的同时，城市管理部门更应该倾听民意，科学合理地规划，尽快建设公厕或增加移动厕所的数量，以满足市民需求。

解决行人如厕难题，不仅仅是沿街商场、宾馆酒店等企业的事情，政府机关更有开放的必要，厕所对外开放这一小步，是迈向服务型政府建设的一大步。

此外，为更好地对行人提供便捷、准确的如厕服务，济南市城管局将继续制作纸版“公厕地图”。目前，2013版纸版“公厕地图”已经编制完成，正在审校，将于12月初与市民见面。届时，电子版“公厕地图”也将上网，行人可用手机上网查阅。[①]“厕所开放联盟”，为市民推开“方便”之门，可以作为创新社会管理的成功案例。

全党全国人民行动起来，就一定能开创社会和谐人人有责、和谐社会人人共享的生动局面。

① 潘俊强：《创新社会管理·聚焦如厕难题》，《人民日报》2012年11月30日。

五、建设社会主义生态文明

雾霾来袭

2012年入秋以来，我国多地受到雾霾天气袭击。京津冀、辽宁、河南、山东、安徽、江苏、浙江、湖北、湖南等地持续多日笼罩在大范围雾霾天气之下。河北、辽宁等省的个别县市曾一度出现道路能见度不足50米的极端情况。2013年1月，北京市气象台发布了北京气象史上首个雾霾橙色预警。

雾霾天气的产生既与气象条件有关系，也与人为的污染物排放有关。随着雾霾大气频发，它的“罪魁祸首”——PM2.5，也逐渐进入公众视线。PM2.5是指大气中直径小于或等于2.5微米的颗粒物，也称为可入肺颗粒物。它源自人类生产、生活过程中能源消耗。如汽车尾气、燃煤和农村的秸秆焚烧产生的废气，以及施工建设中的扬尘都会产生 PM2.5。PM2.5 在秋冬季节特殊的气象条件下，便形成了大气严重污染的雾霾天气。

雾霾天气危害严重。首先，影响交通安全。出现雾霾天气时，视野能见度低，空气质量差，容易引起交通阻塞，发生交通事故。其次，雾霾天气还会危害人体健康，影响人体呼吸系统和心血管系统，造成急性鼻炎和急性支气管炎等病症。同时也会增强空气中传染病病菌的活性，诱发大量传染病。

面对大范围雾霾天气，政府多部门紧急行动，将灾害天气对公众的影响降至最低。2013 年 1 月 28 日，中央气象台历史上第一次专门针对雾霾发布了预警；环境保护部门及时发布部分城市大气环境质量状况，要求各地做好监测预警工作。

北京市多个政府职能部门采取措施应对雾霾天气。按照《北京市空气重污染日应急方案的要求》，交管局全体交警到岗到位，加大道路巡逻力度；市教委要求处于极重污染区域的中小学停止学生户外锻炼活动，小学升旗仪式和体育课将改在室内进行；市城市执法局重点加大施工降尘、道路遗撒及露天烧烤、露天焚烧等违法行为专项整治力度。同时，要求各级城管执法机关对辖区工地进行检查，督促施工单位加强管理，切实加强工地、道路扬尘污染控制。

雾霾天气的侵袭，让人们再一次意识到了生态环境保护的重要性。作为人类生产和发展的基本条件，生态环境为人类提供了必不可少的自然资源。我国是一个有着 13 亿人口的大国，面临着生态环境恶化制约社会经济发展的困境。

让人民喝上干净的水、呼吸清洁的空气、吃上放心的食物，在良好的环境中生产生活——这是党的庄严承诺。中国共产党领导人民建设社会主义生态文明。树立尊重自然、顺应自然、保护自然的生态文明理念，坚持节约资源和保护环境的基本国策，坚持节约优先、保护优先、自然恢复为主的方针，坚持生产发展、生活富裕、生态良好的文明发展道路。着力建设资源节约型、环境友好型社会，形成节约资源和保护环境的空间格局、产业结构、生产方式、生活方式，为人民创造良好生产生活环境，实现中华民族永续发展。①

① 《中国共产党章程》（中国共产党第十八次全国代表大会部分修改），人民出版社 2012 年版。

（一）邓小平理论指导下的社会主义生态文明建设

改革开放之前，由于“左倾”思潮的影响，出现了“宁要社会主义的草，不要资本主义的苗”、“社会主义没有污染”、“说社会主义有污染是对社会主义的污蔑”等观点。同时为解决吃饭问题，出现了“以粮为纲”的片面方针，乱砍滥伐、乱捕滥杀现象缺少制约，导致生态环境受到严重破坏。

以邓小平同志为主要代表的中国共产党人，带领中国人民开启社会主义现代化建设新征程的同时，把生态环境保护事业提上了日程。

1. 环境保护是我国的一项基本国策

1983 年召开的第二次全国环境保护工作会议，正式把环境保护确定为我国的一项基本国策，这是我国生态环境保护事业具有标志性意义的大事。从而突出了环境保护工作在我国现代化建设的地位。次年的全国环境保护工作会议上又制定了“经济建设、城乡建设和环境建设要同步规划、同步实施、同步发展，做到经济效益、社会效益、环境效益相统一”的指导方针，明确了“预防为主、防治结合”、“谁污染、谁治理”和“强化环境管理”的环境保护三大政策。

为了配合环境保护政策要求，国家对环境保护行政管理机关做出相应的调整。1988 年将城乡建设环境保护部下设的环境保护局升格为国务院直属的国家环境保护局，1998 年又升格为国家环境保护总局，2008 年成立中华人民共和国环境保护部。国家环保机构的变化与升格，成为中国政府以及全社会对环境保护认识不断深化、环保力度逐步加强的一个缩影。

2. 建立环境保护法律体系

改革开放以来，环境保护立法经历了从无到有，从少到多的发展过程，逐渐建立了由综合法、污染防治法、资源和生态保护法、防灾减灾法等法律组成的环境保护法律体系。

1978 年，全国人大五届一次会议通过的《中华人民共和国宪法》规定，“国家保护环境和自然资源，防治污染和其他公害”。这是新中国历史上第一次在宪法中对环境保护做出的明确规定，为我国环境法制建设和环境保护事业的发展奠定了法律基础。

1979 年 9 月，五届人大常委会第十一次会议批准和颁布了新中国成立以来第一部综合性的环境保护基本法——《中华人民共和国环境保护法（试行)》，把我国的环境保护方面的基本方针、任务和政策用法律的形式确定下来，标志着我国环境保护事业逐步走上法制轨道，也标志着我国的环境法制体系开始建立。

20 世纪 80 年代后，我国的环境立法发展十分迅速，环境保护法律体系初步建立。在污染防治方面，制定了《大气污染防治法》、《水污染防治法》、《环境噪声污染防治法》、《固体废物污染环境防治法》、《放射性污染防治法》、《海洋环境保护法》等；在资源和生态保护方面，制定了《森林法》、《草原法》、《渔业法》、《土地管理法》、《矿产资源管理法》、《水法》、《煤炭法》、《野生动物保护法》、《水土保持法》等；在防灾减灾方面，制定了《防震减灾法》、《防洪法》和《气象法》等，环境立法在环境保护的主要领域都基本做到了有法可依。到目前为止，我国制定了 8 部环境保护法律、15 部自然资源法律，制定颁布了环境保护行政法规 50 余项，部门规章和规范性文件近 200 件，军队环保法规和规章 10 余件，国家环境标准 800 多项，批准和签署多边国际环境条约 51 项，各地方人大和政府制定的地方性环境法规和地方政府规章共 1600 余项。

这些法律法规，对我国环境保护法律体系的逐步完善、限制破坏资源环境的活动、加快治理污染的进程起到重要的促进作用。

3. “三北防护林”工程——我国的绿色长城

1978 年 11 月，党中央、国务院启动三北防护林工程，在东北、西北、华北水土流失和荒漠化严重的地区大规模兴建人工造林生态工程。

三北防护林工程地跨东北西部、华北北部和西北大部分地区，包括中国北方 13 个省（自治区、直辖市）的 551 个县（旗、市、区），东西长 4480 千米，南北宽 560 千米～1460 千米，总面积 406.9 万平方千米，占中国国土面积的 42.4%。总工程分 3 个阶段、8 期工程进行，预计于 2050 年完成。2003 年，三北防护林工程被吉尼斯总部确认为“全球最大的植树造林工程”。

邓小平同志高度重视三北防护林工程建设，1989 年为该工程亲笔题词“绿色长城”。

1978 年至 2008 年的 30 年间，三北防护林取得举世瞩目的成绩，累计完成造林面积 2446.9 万公顷，重点治理区的环境质量有了较大改善，生态效益、经济效益、社会效益明显，沙漠化土地得到有效治理，水土流失得到基本控制，有力地促进了农村经济的发展和人民生活水平的提高。生态环境和人民群众的生产生活条件从根本上得到改善。

邓小平同志十分关心全国范围的绿化工程。1981年夏天，四川地区发生特大水灾，他说："最近发生的洪灾涉及林业问题，涉及森林的过量采伐。看来宁可进口一点木材，也要少砍一点树。报纸上对森林采伐有争议。这些地方是否可以搞间伐，不搞皆伐，特别是大规模的皆伐。中国的林业要上去，不采取一些有利措施不行。是否可以规定每人每年都要种上几棵树，比如说三棵或五棵，要包种包活多种者受奖，无故不履行此义务者受罚。"①

在 1981 年的五届全国人民代表大会第四次会议上，国家做出了《关于开展全民义务植树运动的决议》。从此，植树造林、绿化祖国成为每位公民的法定义务。每到春季，党和国家领导人带头参加义务植树，至今从未间断。

---

① 国家环保总局、中共中央文献研究室：《新时期环境保护重要文献选篇》，中央文献出版社、中国环境科学出版社 2001 年版，第 27 页。

（二）“三个代表”重要思想指导下的社会主义生态文明建设

进入20世纪90年代以后，我国驶向经济发展的快车道。与此同时，高能耗和高污染对生态环境的破坏日益严重，成为制约我国社会经济持续发展的“瓶颈”。以江泽民同志为主要代表的中国共产党人，将良好的生态环境列为全面建设小康社会的奋斗目标，多措并举，重拳出击，为改善生态环境作出了卓有成效的努力。

1. 可持续发展战略

在1995年9月召开的中共十四届五中全会上，江泽民同志指出：“在现代化建设中，必须把可持续发展作为一个重大战略。”在此次会议上，党中央把可持续发展战略写入《关于制定国民经济和社会发展“九五”计划和2010年远景目标的建议》，提出“必须把社会全面发展放在重要战略地位，实现经济与社会相互协调和可持续发展”。这是在党的文件中第一次使用“可持续发展”的概念。

1997 年江泽民同志在党的十五大报告再次指出："我国是人口众多、资源相对不足的国家，在现代化建设中必须实施可持续发展战略。"

所谓可持续发展，就是既要考虑当前发展的需要，又要考虑未来发展的需要，不能用牺牲后代人的利益为代价来满足当代人的利益。可持续发展是人类社会发展的必然要求，现在已经成为世界许多国家关注的重大问题。中国是世界上最大的发展中国家，这个问题更具有紧迫性。

把实现可持续发展作为现代化建设中的重要战略，这是我们党和政府总结我国建设的历史经验，吸取世界上工业化国家的教训，不断认识和把握经济社会发展规律所做出的重大抉择。体现了中国政府和人民对"我们生存的家园"的深切关怀，是一项惠及子孙后代的战略性举措，也是中华民族对于全球未来的积极贡献。

2. 实施《污染物排放总量控制计划》和《跨世纪绿色工程规划》

1996 年 7 月国务院召开的第四次全国环境保护会议上，提出保护环境是实施可持续发展战略的关键。江泽民同志发表重要讲话，指出："保护环境的实质是保护生产力。"这次会议确定了坚持污染防治和生态保护并重的方针，决定实施《污染物排放总量控制计划》和《跨世纪绿色工程规划》两大举措。全国开始大规模展开在重点城市、流域、区域、海域的污染防治及生态建设和保护工程。环境保护工作进入了崭新的阶段。

“一控双达标”是《污染物排放总量控制计划》中要求的到 2000 年所要实现的环境保护目标。“一控”是指主要污染物排放总量控制计划，“双达标”是指工业污染源达标和重点城市大气水环境质量按功能区达标。

“33211”工程是指“三河”（淮河、海河、辽河)、“三湖”（太湖、滇池、巢湖）水污染防治，“两控区”（酸雨污染控制区和二氧化硫污染控制区）大气污染防治、一市（北京市)、“一海”（渤海）的污染防治。

1996 年至 2000 年期间，国家关闭了 8.4 万家严重浪费资源、污染环境的小企业。2001 年至 2004 年，国家连续三次发布淘汰落后生产能力、工艺和产品的目录，淘汰 3 万多家浪费资源、污染严重的企业，并对资源消耗大和环境污染重的钢铁、水泥、电解铝、铁合金、电石、炼焦、皂素、铬盐 8 个重污染行业进行集中整顿，停建、缓建项目 1900 多个。“三河”、“三湖”河流已经建成和正在建设的污水处理厂

416 个，日处理能力 2093 万吨；流域内的 5000 多家重点污染企业，已有 80%以上实现了达标排放。流域水污染物大幅削减，水环境恶化趋势基本得到控制。一些河段和湖体水质明显改善。

《污染物排放总量控制计划》和《跨世纪绿色工程规划》，是我国第三代领导集体结合我国国情和不同地区的实际情况实施的生态环境保护任务。该任务覆盖范围广、跨度时间长，深刻体现了我党对治理生态环境问题的坚定决心。

3. 控制人口增长，提高人口素质

我国是世界上人口最多的发展中国家，人口问题是影响经济社会发展的重大问题。改革开放 30 多年来，随着我国经济社会全面进步和综合国力显著增强，人口计生事业健康发展取得重大进展，为改革开放提供了坚实基础和有力保障。

新中国成立后，我们党在人口问题的认识上曾出现过反复和偏差。

由于“左倾”思想的影响，特别是错误批判马寅初的《新人口论》，计划生育没有真正开展起来。1970 年，全国总人口超过 8 亿。到 1975 年，在 5 年的时间中人口增长了 1 亿。

党的十一届三中全会以来，我党将人口发展纳入

现代化建设总体战略。邓小平同志指出，人口政策是带有战略性的大政策。1981年11月，五届全国人大第四次会议提出了“限制人口的数量，提高人口的素质”的人口政策。1982年9月，党的十二大把实行计划生育确定为基本国策，同年11月写入新修改的《宪法》。人口过快增长的势头得到有效遏制。

进入20世纪90年代后，我党又把人口问题提高到可持续发展战略的首要位置，提出在现代化建设中必须正确处理经济建设与人口资源环境的关系，人口、资源、环境三者的关系，人口是关键。

2000年，党中央、国务院做出《关于加强人口与计划生育工作稳定低生育水平的决定》，明确了人口计生工作主要任务为“稳定低生育水平、提高出生人口素质”。

2001年12月，九届全国人大常委会第二十五次会议审议通过了《中华人民共和国人口与计划生育法》，计划生育基本国策有了国家基本法律的保障。《人口与计划生育法》以及《计划生育技术服务管理条例》、《社会抚养费征收管理办法》的颁布和地方条例的修订实施，标志着人口和计划生育工作全面进入依法管理、优质服务的阶段。

20世纪90年代中后期，我国人口再生产类型实现了由高出生、低死亡、高增长到低出生、低死亡、低增长的历史性转变。有效缓解了经济、社会、资源、环境协调和可持续发展所面临的人口压力，有力地促进了经济发展、社会进步和民生改善，有力地支持了改革开放和国家现代化建设。

另外，人口增量的下降，为提高人均卫生、教育投资水平创造了条件。群众婚育观念发生新的变化。我国人口预期寿命从 1981 年的不足 68 岁提高到 72 岁以上，达到中等发达国家水平。15 岁以上人口平均受教育年限达 8.3 年，高于发展中国家平均水平。婴儿、孕产妇死亡率大幅度下降。“计划生育、男女平等、晚婚晚育、优生优育”等婚育新观念逐步深入人心，妇女社会地位提高，建设文明幸福家庭的美好追求蔚然成风。

我国人口计生工作取得了举世瞩目的伟大成就，实现了中华民族人口发展史上的伟大跨越，为全面建设小康社会创造了良好的人口环境，也为世界人口与发展事业做出了重要贡献。

（三）科学发展观指导下的社会主义生态文明建设

党的十六大以来，以胡锦涛同志为主要代表的中国共产党领导人提出了构建社会主义和谐社会的理念。和谐社会不仅要做到人与人、人与社会的和谐，而且要做到人与自然的和谐。人与自然和谐相处，是构建社会主义和谐社会的重要内容和重要目标。人与自然和谐相处的理念是我党对生态环境规律认识的深化和尊重。围绕这一理念，我党提出了一系列生态文明建设的新构想。

1. 建设资源节约型、环境友好型社会

2005 年 10 月召开的中共十六届五中全会明确提出了“建设资源节约型、环境友好型社会”，并首次把建设资源节约型和环境友好型社会确定为国民经济与社会发展中长期规划的一项战略任务。

资源节约型社会是指在社会生产、流通、消费的各个领域，通过采取综合性措施，提高资源利用效率，以最少的资源消耗获得最大的经济和社会收益，

保障经济社会可持续发展的社会发展模式。

环境友好型社会是指社会的生产与生活以对生态环境无害的方式进行。环境友好型社会，首先，要求最大限度地减少资源消耗；其次，要对消耗资源产生的废弃物进行再利用和循环利用；最后，对在目前技术水平和经济条件下没有再利用价值的废弃物进行环境无害化处理。

建设资源节约型、环境友好型社会是总结我国现代化建设经验，从我国的国情出发而提出的一项重大决策。虽然我国社会经济总量不断增长，但经济发展模式粗放、经济发展效益不高，资源利用率低、污染排放量大，导致我国生态与环境形势日益严峻。另外，随着人口增长和人均消费水平的提高、经济持续增长并进入工业化、城镇化和未来农村快速发展以及全球经济一体化，我国生态和环境将面临着新一轮发展带来的巨大压力。

正如恩格斯指出，我们不要过分陶醉于对自然界的胜利，对于每一次这样的胜利，自然都会报复我们。因此建设资源节约型、环境友好型社会是建设小康社会和提高广大人民物质文化生活水平的客观需要，也是建设和谐社会和促进社会主义精神文明的必然要求。

2. 利用经济手段保护环境

利用经济手段保护环境是指通过产业政策、投资政策、财税政策、价格政策、进出口政策等方式给予有利于节约资源、保护环境的产业或企业优惠，引导生产者、消费者行为来促进生态环境保护。

以我国汽车产业为例，我国已成为全球最大的汽车生产和消费国之一，面临着节能减排的严峻挑战。2010 年、2011 年产销汽车均超过 1800 万辆。随着汽车保有量的快速增长，导致石油消费进入快速增长期，能源形势日渐严峻。同时，汽车尾气排放成为大气污染的重要因素。因此改善汽车节能技术、倡导节能减排低碳环保汽车势在必行。

国家不遗余力地推广新能源汽车，并陆续出台了一系列的政策。早在 2009 年 1 月 14 日，国务院通过《汽车产业调整和振兴规划》，拿出 100 亿元支持新能源汽车及关键零部件产业化。2010 年国家推出《"节能产品惠民工程"节能汽车（1.6 升及以下乘用车）推广实施细则》，明确指出"对消费者购买节能汽车给予一次性定额补助，补助标准为 3000 元/辆，由生产企业在销售时兑付给购买者"。

2011 年的国务院《"十二五"节能减排综合性工作方案》为推进交通运输节能减排方面提出：加速淘

汰老旧汽车、机车、船舶，基本淘汰2005年以前注册运营的“黄标车”，加快提升车用燃油品质；全面推行机动车环保标志管理，探索城市调控机动车保有总量，积极推广节能与新能源汽车。

2012年国家为培养一批具有较强竞争力的节能与新能源汽车企业，出台了《节能与新能源汽车产业发展规划（2012－2020年）》（以下简称《规划》）。该《规划》提出，到2015年，纯电动汽车和插电式混合动力汽车累计产销量力争达到50万辆；到2020年，纯电动汽车和插电式混合动力汽车生产能力达200万辆、累计产销量超过500万辆，燃料电池汽车、车用氢能源产业与国际同步发展。①

生态文明建设，事关未来，功在千秋。改革开放以来，我党对生态文明建设做出了不懈努力，取得了卓有成效的改善。但是我们应该清醒地看到，我国的生态文明建设还有很艰难的任务需要克服。我们一定要更加自觉地珍爱自然，更加积极地保护生态，努力建设美丽中国，努力走向社会主义生态文明新时代，实现中华民族永续发展。

① 国务院办公厅：《节能与新能源汽车产业发展规划》（2012—2020年），2012年7月9日。

3. 将生态文明建设纳入中国特色社会主义事业五位一体的总体布局

我党对中国特色社会主义事业总体布局的认识经过了不断完善和深化的过程。党的十二大提出了社会主义物质文明建设和精神文明建设两手抓的重要思想，党的十五大提出了建设中国特色社会主义的经济、政治、文化三位一体的基本纲领，党的十七大确立了经济建设、政治建设、文化建设、社会建设四位一体的总体布局。党的十八大把生态文明建设提到与经济建设、政治建设、文化建设、社会建设并列的位置，从而把中国特色社会主义事业总体布局发展为五位一体，使我国社会主义建设的发展布局更加完善、发展目的更加明确、发展内涵更加丰富、发展道路更加广阔，体现了我们党对中国特色社会主义的认识达到了新境界，为全面建成小康社会、实现社会主义现代化提供了总体依据。

生态文明是人类社会发展进步的象征，它以尊重和保护生态环境为宗旨，强调人与自然环境的相互依存、相互促进、共处共融。

2012 年 11 月，胡锦涛同志在十八大报告中指出："建设生态文明，是关系人民福祉、关乎民族未来的长远大计。面对资源约束趋紧、环境污染严重、生态系统退化的严峻形势，必须树立尊重自然、顺应自然、保护自然的生态文明理念，把生态文明建设放在突出地位，融入经济建设、政治建设、文化建设、社会建设各方面和全过程，努力建设美丽中国，实现中华民族永续发展。”①

中国特色社会主义事业的总体布局发展成为“五位一体”，丰富了中国特色社会主义的科学内涵，体现了我党对生态文明建设认识的不断深化。

① 胡锦涛：《十八大报告——坚定不移沿着中国特色社会主义道路前进，为全面建成小康社会而奋斗》，2012 年 11 月 8 日。

六、丰富“一国两制”实践和推进祖国完全统一

一个台湾老兵的回家路

高秉涵，台湾律师，老兵，1936 年出生于山东菏泽。高秉涵的一生，凝聚了所有台湾老兵经历的坎坷和艰辛，同时也见证了海峡两岸从隔绝到沟通的一段特殊历史。

家是什么？高秉涵说：“家就是这个曾经再怎么努力都回不去的地方，但我从没有放弃过努力！”60 多年生活在台湾，镌刻在高秉涵脑海中的却是另一个地名：山东菏泽。他出生在菏泽，在那儿度过了年少时光，菏泽才是他的家乡。高秉涵想家，但也深知，对他这样一个大半生住在海岛上的“外省人”来说，

通往家乡的路意味着什么。

高秉涵不愿去回忆离开母亲、离开老家村庄的清晨，可那个清晨总会从记忆中清晰地跳出来。

1948 年，山东菏泽处于国共两党“拉锯区”，高秉涵的父亲高金锡被枪毙。当国民政府所属军队及地方各级政府开始陆续向长江以南撤退时，宋书玉将曾经参加过“三青团”的儿子送到国民政府在南京设立的“流亡学校”。在儿子高秉涵的印象里，一辈子都在小学教书的母亲几乎没经历过团圆：两个女儿在抗战初期外出求学没了音信，而后丈夫死了，儿子又去了南京。少年高秉涵用了 6 个月，穿越 6 个省，足足走了 2000 多里地，挤上了由厦门开往金门的班船。数十年后，他在图书馆翻查史料，发现自己乘坐的是那年由厦门驶往台湾的最后一班船，日期是 1949 年 10 月 16 日。而半个月前，在遥远的北京，新中国宣布成立。

对所有从各个港口前往台湾的人来说，回家是最迫切的梦想，可他们中大部分人都未能踏上故土与亲人团聚。其中一人，甚至被高秉涵宣判了死刑——1963 年，高秉涵从台湾国防管理学院法律系毕业后，被派往金门任审判员，“金门逃兵”是他审理的第一个案子。

那个“金门逃兵”的家就在对岸厦门，他本是渔民，与偏瘫的母亲相依为命，在一次给母亲抓药的路上被强拉入伍到了台湾。碰上天气晴朗时，隔着并不宽阔的海峡，一眼就能看到家乡，他决定利用自己的渔夫本领游回家。他偷偷搞到一个汽车轮胎，趁人不注意时套上轮胎下海，游了整整一夜。天快亮时，他到岸了。海水冲涩了眼睛，他尚未看清便举手大喊：“我是从小金门逃来的，没带武器！”可没想到，他游了一整夜，最终却游回了金门海岸。一星期后，这个因“回家”获罪的“金门逃兵”被处以极刑。高秉涵哭得难以自已，他对这份即使拼掉性命也要回家的心情感同身受。

高秉涵曾想过各种办法联系母亲。1979 年，大陆与台湾尚无法通信，他委托美国的同学帮忙寄出第一封家书。他也不知道自己的村子是否仍在，就写了“山东菏泽市西北 35 里地处高庄”，收信人是母亲“宋书玉”。不长的信中，他写道：“我之所以要艰苦奋斗地活下去，就是为有朝一日能再见到娘一面，绝不会像两个姐姐一样，在抗日战争爆发时，就生死不明……娘，我会活着回来！”高秉涵不知道，在海峡这头，杳无音信的两个姐姐实际上去了延安，成了共产党干部，在他踏上逃难路那年才第一次回家。年迈的母亲找回了女儿们，却失去了儿子的音讯。等待终于耗尽了她的生命，就在这封信辗转寄达的一年前，宋书玉逝世于吉林辽源……

如今，两岸已经开通直航，回家不再如先前那般艰辛。200 多个从菏泽一路历经战火和逃难来到台湾的同乡，组成了“菏泽旅台同乡会”，高秉涵来台湾时年龄最小，在同乡会里最年轻，被推选为会长。他视每一个同乡为亲人，虽已无法再见母亲，他却尽力帮每一个同乡与亲人团聚。74 岁高龄的他，仍坚持每年清明或中秋陪伴想要回家的同乡一起返乡。

“我答应过他们，只要还有一个人要回家，我就陪着他们一起回来。”对每一个希望魂归故里的乡亲，他都会亲手带上骨灰坛，站到菏泽老家的村头，完成骨灰主人生前的愿望。

故事读到这里，不禁让人想起诗人余光中的那首《乡愁》：

小时候
乡愁是一枚小小的邮票
我在这头
母亲在那头

长大后
乡愁是一张窄窄的船票
我在这头
新娘在那头

后来啊
乡愁是一方矮矮的坟墓
我在外头
母亲在里头

而现在
乡愁是一湾浅浅的海峡
我在这头
大陆在那头

（一）台湾问题的由来

台湾是我国美丽的宝岛，是镶嵌在祖国东海上的一颗璀璨的明珠。台湾自古属于中国，与大陆是不可分割的整体。16 世纪，由于明朝政府疏于管理，台湾一度被荷兰殖民者所占。民族英雄郑成功不负众望，成功收复了台湾，使其重新成为中国的一个省，由清政府指派官吏进行管理。清朝末年，由于政府的腐败无能，台湾在 1895 年《马关条约》中被割让给日本。第二次世界大战结束后，根据美、苏、英、中四大国关于如何安排战后世界秩序而达成一致的《开罗宣言》和《波茨坦公告》，被日本强占达半个世纪之久的台湾和澎湖列岛，正式由国民党政府收复，台湾回归中国。然而，仅过了4年，在内战中失败的国民党残余势力退踞台湾，在美国的支持下，与祖国大陆隔海对峙，使台湾再一次与祖国大陆隔绝。

朝鲜战争爆发之后，美国第七舰队侵入台湾海峡，美国第十三航空队也进驻台湾地区。

1954年12月，美国与台湾当局签订了所谓的“共同防御条约”，这一安全防务条约确立了美国和台湾当局的军事同盟关系，将中国的台湾省置于美国的保护之下。翌年1月，美国国会通过台湾问题决议案，授权美国总统在认为必要时可以在台湾和台湾海峡使用武力。台湾海峡的紧张局势因而形成，台湾问题就这样产生并延续了下来。

（二）祖国完全统一理论的形成和发展

1.“一国两制”构想的萌芽

新中国成立初期，我党一度主张“武力解放台湾，完成祖国统一事业”的方针，但由于国际形势的变化，武力解放台湾的计划一再被搁浅。20世纪50年代中期，美国政府企图制造“划海而治、两个中国”的图谋，我党开始考虑和平解放台湾。毛泽东曾表示：“国共过去已经合作过两次了，我们还准备进行第三次国共合作。”同时，台湾的蒋氏父子在维护“一个中国”的立场上与大陆一致。

1963年，周恩来向台湾当局传达了中共对台工作的新构思，即著名的“一纲四目”：“只要台湾回归祖国，其他一切问题悉尊重总裁（蒋介石）与兄意见妥善处理”，“台湾回归祖国后，除了外交必须统一于中央外，所有军政大权人事安排等悉由总裁和兄弟全权处理；所有军政及建设费用，不足之数，悉由中央拨付；台湾社会改革问题，可以从缓，以俟条件成熟，并尊重总裁与兄弟协商决定，然后进行；双方约不派人进行破坏对方团结之事。”毛泽东、周恩来对实现祖国和平统一的探索，为“一国两制”构想的提出奠定了重要的基础。

1981年9月，全国人大常委会委员长叶剑英向新华社记者发表谈话，全面阐释了中国政府关于台湾回归祖国、实现和平统一的九条方针，即“叶九条”。后来邓小平同志谈道：“九条方针虽是以叶副主席的名义提出来的，实际上就是一个国家两种制度，两种制度是可以运行的。他们不要破坏大陆的制度，我们也不破坏他们那个制度。”这是邓小平同志首次使用“一个国家两种制度”的提法。

2. “一国两制”构想的正式确立

1982年9月24日，邓小平同志就香港问题会见英国首相撒切尔夫人时明确指出：“主权问题不是一个可以讨论的问题。中国政府在这个问题上没有回旋的余地。”在后来的中央政治局扩大会议上，就如何保持香港的繁荣问题，邓小平同志说：“保持繁荣的办法就是若干不变。香港回归后现行制度50年保持不变。具体说就是香港现行的社会、经济制度不变，法律基本不变，生活方式不变，自由港地位和国际贸易、金融中心的地位不变等。最大的不变就是保持原有的资本主义制度不变，就是实行‘一国两制’。”①

同年12月，全国人大五届五次会议通过的《中华人民共和国宪法》明确规定：“国家在必要时设立特别行政区，在特别行政区内实行的制度按照具体情况由全国人民代表大会规定。”从而为“一国两制”的实施提供了法律依据。

1984年6月，邓小平同志会见香港工商界和知

① 中央文献研究室：《邓小平年谱》，中央文献出版社2004年版，第901页。

名人士时，进一步阐释了“一个国家，两种制度”构想。“就是在中华人民共和国内，十亿人口的大陆实行社会主义制度，香港、台湾实行资本主义制度。”至此，“一国两制”的基本方针正式确立。

1992 年 11 月，大陆的海峡两岸关系协会（以下简称“海协会”）与台湾的海峡交流基金会（以下简称“海基会”）在香港，就解决事务性商谈中如何表明坚持一个中国原则的态度问题，找到了解决办法，达成了各自以口头方式，表述“海峡两岸均坚持一个中国原则”的共识，即著名的“九二共识”。在“九二共识”中，双方都表明了“海峡两岸均坚持一个中国原则”和“努力谋求国家统一”的态度；对于“一个中国”的政治含义，海基会表示“认知不同”，海协会表示“在事务性商谈中不涉及”，做了求同存异的处理。换言之，“九二共识”是在双方表明坚持一个中国原则态度的前提下，暂时搁置了对“一个中国”政治含义的分歧。正是在此基础上，两会成功地举行了“汪辜会谈”，建立了制度化的协商与联系机制，进行了一系列商谈，开启了两岸政治对话，为改善和发展两岸关系发挥了重要作用。

3. “一国两制”构想在香港、澳门的成功实践

“一国两制”的构想最初是为解决台湾问题设计

的，但首先被应用于解决香港和澳门问题。香港和澳门相继回归，标志着“一国两制”伟大构想变为现实。香港和澳门问题不同于台湾问题。台湾问题是祖国统一问题，香港、澳门问题是历史上殖民主义侵略的遗留问题，要恢复行使中国主权。香港是被英国殖民者通过侵略战争胁迫清政府签订《南京条约》、《北京条约》等不平等条约强行占领的。澳门是被葡萄牙殖民者通过胁迫清政府签订《中葡北京条约》强行占领的。新中国成立后，党和政府对香港和澳门问题的立场是，不承认帝国主义强加在中国人民头上的不平等条约，坚持香港和澳门是中国的领土。同时，根据当时国内外形势，党和政府制定了“长期打算、充分利用”的方针，主张在条件成熟时，经过谈判和平解决。

1982 年至 1984 年，中英两国政府就解决香港问题进行了 22 轮艰苦的谈判。1984 年 12 月，中英双方领导人在北京签署了《中华人民共和国政府和大不列颠及北爱尔兰联合王国政府关于香港问题的联合声明》及三个附件，宣布中华人民共和国将于 1997 年 7 月 1 日对香港恢复行使主权。1990 年 4 月，七届全国人大三次会议正式批准《中华人民共和国香港政府特别行政区基本法》。此法坚持国家统一、主权和领土完整的同时，明确规定香港作为特别行政区保持原有的资本主义制度。1997 年 7 月 1 日，中英两国政府举行了香港政权交接仪式，随着鲜艳的五星红旗和香港特别行政区紫荆花区旗的冉冉升起，香港回到祖国怀抱，中华民族雪洗了百年之辱。

与此同时，澳门回归祖国的准备工作也在积极开展。1985 年 5 月，中葡两国政府就举行谈判解决澳门问题达成协议，在先后举行四轮会谈后，1987 年 4 月 13 日，《中华人民共和国政府和葡萄牙共和国政府关于澳门问题的联合声明》在北京正式签署，宣布中国政府将于 1999 年 12 月 20 日对澳门恢复行使主权并设立澳门特别行政区。1999 年 12 月 20 日，中葡两国政府举行澳门政权交接仪式，中国恢复对澳门行使主权。历经 400 多年沧桑的澳门重新回到了祖国怀抱。澳门的回归，是祖国和平统一征程上的又一里程碑。

香港、澳门回归以来，走上了同祖国内地优势互补、共同发展的宽广道路，"一国两制"实践取得举世公认的成功。中央政府对香港、澳门实行的各项方针政策，根本宗旨是维护国家主权、安全、发展利益，保持香港、澳门长期繁荣稳定。全面准确贯彻"一国两制"、"港人治港"、"澳人治澳"、高度自治的方针，必须把坚持一国原则和尊重两制差异、维护中央权力和保障特别行政区高度自治权、发挥祖国内地坚强后盾作用和提高港澳自身竞争力有机结合起来，任何时候都不能偏废。

4. 祖国完全统一理论的丰富和发展

(1)“台独”势力的出现和膨胀起来

“台独”是谋求将台湾从中国分离出去，成为一个“独立国家”的思潮和运动。“台独”思潮及“台独”运动，作为一种非常复杂的社会政治意识及行动，经历了一个长期的演变和发展的过程。

1895 年，《马关条约》割让台湾，台湾被日本霸占达 50 年之久。日本为了强化对台湾的殖民统治，从 20 世纪 30 年代开始，在台湾推行了所谓的“皇民化运动”，强迫台湾同胞认同日本，改姓日本姓、改说日本话、改穿日本和服。有一小部分所谓“上等台湾人”因而被改造成了“台湾皇民”。抗日战争胜利后，一些“台湾皇民”不愿意回归中国，有几个人甚至与当时的驻台日军少壮派军官秘密组织了“台独”小团体，企图在台湾建立“第二个满洲国”，抗拒中国恢复对台湾地区行使主权。这就是最早出现的“台独”。

1940 年，具有“上等台湾人”身份并且毕业于美国俄亥俄州州立大学有化工博士头衔的廖文毅回到台湾。廖文毅回台后，四处散播台湾应交由联合国托管的言论，炮制民意调查，制造“台湾人不愿意受中国管而愿受美国管”舆论，廖文毅还向美国特使魏德迈递交所谓“台湾人民的意见书”，主张台湾脱离中国，交联合国托管。

廖文毅在“二·二八”起义后从台湾来到日本，成立了“台湾民主独立党”，还拼凑了“台湾共和国临时政府”，自任“大统领（总统）”。使用日本昭和纪年，“国旗”是一面加上月亮的日本太阳旗。开会讲日本语、唱日本歌，十足地体现了“台湾皇民”的本质。后来，廖文毅于 1965 年宣布放弃“台独”立场，解散“台独”组织，回台湾参加“三民主义建设”。1986 年，病逝于台北。

20 世纪五六十年代，在台湾地区赴美留学的人员当中也出现了几个“台独”小团体。1964 年，台湾大学教授彭明敏起草“台湾人民自救宣言”，主张推翻国民党当局，制定新宪法，建立新国家，因此被捕判刑。此事传到美国后，很快就公开成立了“全美台湾独立联盟”。1970 年 1 月，彭明敏进入美国政治避难，同时成立了“全球台湾人争取独立联盟”，盟员来自美、日两国及欧洲、南美洲、澳洲等地。

“台独”势力虽然在海外的台湾人中有所影响，但在国民党的严密控制下，“台独”势力把“台独运动落实到台湾岛内”的企图始终无法实现。国民党当局在有关规定中规定了“分裂国土罪”，发现有“台独”活动则毫不留情地镇压，“境管”部门还列出了所谓的“黑名单”，严格禁止“台独”分子进入岛内。但是，李登辉上台后，情况发生了变化。1988 年 8 月，李登辉允许被“台独”分子把持的“世界台湾同乡会”第十五届年会首次在台湾召开。1990 年 7 月，李登辉召开所谓“国是会议”，被国民党当局长期通缉的彭明敏赫然出现在邀请出席会议的名单中。随后，李登辉修改了“刑法”第 100 条，取消了所谓的“黑名单”，宣布“台独”属于言论自由范畴，从而为“台独”分子返台打开了方便之门。1986 年成立的民进党，原是一支反对国民党专制的力量，但后来逐渐为“台独”分子所控制，于 1991 年 10 月该党第五次代表大会上通过了“台独党纲”，变成了一个地地道道的“台独党”。

在 2000 年台湾地区领导人的选举中，李登辉认定主张“台独”的陈水扁是他分裂路线的最佳继承人，因而表面上支持国民党的候选人连战，暗中却在帮助陈水扁，特别是在最后的关键时刻，指示国民党“放水”，在台湾南部发动“弃连保陈”，如其所愿地把陈水扁扶上“总统”宝座。“台独”势力由此得到了前所未有的大发展。现在，“台独”势力已成为阻碍中国实现完全统一的一个重要因素。①

(2) 两岸关系的“八项主张”

中国政府坚决反对任何形式的“台独”言行。1995 年 1 月 30 日，江泽民同志发表题为《为促进祖国统一大业的完成而继续奋斗》的重要讲话，全面阐述了中国政府解决台湾问题、实现国家统一的大政方针，就现阶段发展提出重要看法和主张：第一，坚持一个中国的原则，是实现和平统一的基础和前提。第二，对于台湾同外国发展民间性经济文化关系，我们不持异议。第三，进行海峡两岸和平统一谈判，是我们的一贯主张。在一个中国的前提下，什么问题都可以谈。第四，努力实现和平统一，中国人不打中国人。第五，面向 21 世纪世界经济的发展，要大力发展两岸经济交流与合作，以利于两岸经济共同繁荣，造福整个中华民族。第六，中华各族儿女共同创造的五千年灿烂文化，始终是维系全体中国人的精神纽带，也是实现和平统一的一个重要基础。第七，两千一百万台湾同胞，不论是台湾省籍还是其他省籍，都是中国人，都是骨肉同胞、手足兄弟。第八，我们欢迎台湾当局的领导人以适当身份前来访问；我们也愿

① 王升：《台湾问题的由来和发展》，《人民公安》2000 年第 7 期；李仁质：《“台独”发展述评》，《中央社会主义学院学报》2003 年第 6 期。

意接受台湾方面的邀请，前往台湾。

“八项主张”充分表明了中国共产党人和平解决台湾问题的诚意，表达了海内外中华儿女对实现祖国和平统一的共同心愿。同时，进一步完善和发展了“一国两制”基本方针。

（3）制定《反分裂国家法》

为遏制“台独”分裂势力，维护海峡两岸的和平稳定，促进祖国的和平统一，维护中华民族的根本利益，2005 年 3 月 14 日，第十届全国人大第三次会议通过了《反分裂国家法》。该法强调了“一个中国”原则，明确了台湾问题的性质是中国内政问题、不容外国干涉；规定了以和平方式实现祖国统一及统一后台湾的治理方式和具体措施；强调以非和平方式制止“台独”的分裂活动。《反分裂国家法》将解决台湾问题的原则和方式法律化，表明了全体中国人坚决反对“台独”、维护国家主权和领土完整的坚强意志和坚定决心。

（4）两岸关系的六点意见

2008 年 12 月 31 日，在纪念《告台湾同胞书》发表 30 周年座谈会上，胡锦涛同志发表了题为《同心实现中华民族伟大复兴，携手推动两岸关系和平发展》的讲话，并将自己对台政策总结为六点，即：第一，恪守一个中国，增进政治互信；第二，推进经济合作，促进共同发展；第三，弘扬中华文化，加强精神纽带；第四，加强人员往来，扩大各界交流；第五，维护国家主权，协商对外事务；第六，结束敌对状态，达成和平协议。这六点主张分别从政治、经济、文化、社会、涉外事务和军事方面阐述了两岸和平发展的框架和目标，是对两岸关系发展规律的深刻总结。

两岸同胞是血脉相连的命运共同体，包括大陆和台湾在内的中国是两岸同胞的共同家园，两岸同胞有责任把它维护好，建设好。两岸统一是中华民族走向伟大复兴的历史必然，尽管前进道路上还会出现困难和阻碍，但只要我们坚定信心，不懈努力，紧紧依靠两岸同胞，就一定能够开创两岸关系和平发展的新局面，迎来中华民族伟大复兴的锦绣前程。①

① 胡锦涛：《坚定不移沿着中国特色社会主义道路前进 为全面建成小康社会而奋斗》，人民出版社 2012 年 11 月 8 日。

七、促进人类和平与发展的崇高事业

落后就要挨打——八国联军侵华战争

在 19 世纪末，帝国主义掀起了瓜分中国的狂潮，激起了义和团反帝爱国运动。1900 年为了镇压义和团运动，扩大对华侵略，英、法、德、奥、意、日、俄、美八个帝国主义国家借口清政府排外，联合进兵中国。

侵略军很快便袭取了大沽炮台，开进天津租界，进逼首都北京。慈禧太后一见列强气势汹汹地向北京攻来，挟光绪皇帝及满汉权贵仓皇出逃。临行前，为了向侵略者表示“友好”，一面特意下达了一项诏谕，责令清军痛剿拳匪；一面任命李鸿章为议和大臣，命他与各国政府电商，先行停战。

列强因此前清政府对义和团的纵容恨之入骨，同时更想借此发动侵略战争，攻进北京这座世界闻名的都城，大大地抢掠一番。所以对于清政府的表态，丝毫没有加以理睬。

侵略者侵入北京城后，烧杀淫掳，堂堂古国的首都，沦入侵略者的铁蹄之下。列强把清政府打出了北京，取得了这场武装侵华的胜利，下一步便是如何趁胜战之余威，逼迫清政府彻底屈服，答允他们所提出的一切侵略要求。于是，谈判开始。

慈禧太后逃到西安后，颁布了“量中华之物力，结与国之欢心”的无耻政策，其意思是说：为了让各个国家都高兴，我国愿意倾其所有，只要洋人心中想要，那就拱手相送好了。1901 年 9 月 7 日，李鸿章代表清廷与帝国主义签订了卖国投降的《辛丑条约》。条约规定：中国赔银 4 亿 5000 万两；北京使馆区及北京至山海关铁路沿线交由外国驻军；禁止中国人民组织参加反帝活动等。《辛丑条约》保住了清政府权位，加强了帝国主义对中国人民的统治，清政府由此成为帝国主义的傀儡。

一部中国近代史，也是一部中国的外交屈辱史。历史告诉我们和平来之不易，珍爱和平的同时，更不能忘了“落后就要挨打”的教训。

新中国成立后，中国人民从此站起来了。中国共产党坚持独立自主的和平外交政策，坚持和平发展道路，坚持互利共赢的开放战略，统筹国内国际两个大局，积极发展对外关系，努力为我国的改革开放和现代化建设争取有利的国际环境。在国际事务中，维护我国的独立和主权，反对霸权主义和强权政治，维护世界和平，促进人类进步，努力推动建设持久和平、共同繁荣的和谐世界。在互相尊重主权和领土完整、互不侵犯、互不干涉内政、平等互利、和平共处五项原则的基础上，发展我国同世界各国的关系，不断发展我国同周边国家的睦邻友好关系，加强同发展中国家的团结与合作。

（一）邓小平理论指导下的外交工作

20 世纪 70 年代末到 80 年代末，东西方“冷战”逐步接近尾声，国际形势不断变化。邓小平同志高瞻远瞩，抓住机遇，及时对我国外交工作做出一系列重大战略调整，打开了外交工作的新局面。

1. 和平与发展是当今世界的两大问题

20 世纪 70 年代中期以前的较长一段时期内，我党对当时国际形势的总体判断是“山雨欲来风满楼”，认为世界大战爆发的危险依然存在，甚至认为世界大战的危险迫在眉睫。工作重点是“立足于早打、立足于大打、立足于明天就打，打核战争”。

党的十一届三中全会后，在深入研究世界形势发展变化的基础上，邓小平同志对世界战争问题逐渐形成了新的判断，适时而鲜明地提出了和平与发展是当今世界两大问题的科学判断。1982 年，他提出：“战争的因素在增长，但制止战争的因素也在增长。”1985 年他更加明确地指出：“现在世界上真正大的问题，一个是和平问题，一个是经济问题或者说发展问题。和平问题是东西问题，发展问题是南北问题。概括起来，就是东西南北四字。南北问题是核心问题。”对和平问题，他认为：“在较长时间内不发生大规模的世界战争是有可能的，维护世界和平是有希望的。这主要是因为只有苏联、美国两个超级大国有资格打世界大战，但这两家都还不敢打。世界战争的危险存在，但世界和平力量的增长超过战争力量的增长。”①

邓小平同志关于和平与发展是当今世界两大问题的科学论断，对于我们紧跟世界历史发展潮流，制定

① 邓小平：《邓小平文选》（第 3 卷），人民出版社 1993 年版，第 105 页、第 127 页。

正确的国际战略，具有重大指导意义。同时为我们集中精力进行现代化建设提供了极其重要的科学依据。

2. 独立自主和不结盟，改善和发展同各主要大国的关系

针对苏联霸权主义的威胁，毛泽东曾在 20 世纪 70 年代初提出“一条线”、“一大片”战略，是指按照大致的纬度划出连接从美国到日本、中国、巴基斯坦、伊朗、土耳其和欧洲的一条战略线，团结这条“线”的外面的国家（这就是一大片），共同抗衡当时的苏联。

1982 年，中国和苏联两国的紧张关系出现缓和迹象。3 月 24 日苏联领导人勃列日涅夫发表长篇讲话，讲话中除了对中国进行言语攻击外，也明确承认中国是社会主义国家，同时强调中国对台湾的主权。邓小平同志立刻捕捉到了这一信息的价值，他打电话给外交部，指示对勃列日涅夫的讲话做出回应，由此开启了中苏两国谈判的大门。1989 年 5 月，邓小平同志会晤苏联领导人戈尔巴乔夫，结束了中苏两国近 30 年的隔离、对抗。与苏联的国家关系实现了正常化。

全面改善和发展我国同各大国的关系，有利于中国利用和平国际环境加速发展自己，对于维护世界和地区的和平与稳定也发挥了重要作用。

3. 妥善处理同邻国的历史遗留问题

在处理我国与邻国之间存在的历史遗留的领土和海域争端的问题上，邓小平同志提出“主权属我、搁置争议、共同开发”的主张，缓解了我国同有关国家的关系。

(1) 钓鱼岛主权归属

1978年秋天，邓小平同志访问日本。一个日本记者提出了中国领土钓鱼岛的归属问题。这是一个棘手的问题，中国政府和日本政府的立场完全不同，而这次访问又是为了中日友好而来，如何才能充分表达中国的立场，又照顾到主人的面子？当时，全场一下子变得特别安静，大家都屏住呼吸，看中国的这位领导人怎样应对这个场面。邓小平同志说：“尖阁列岛，我们叫钓鱼岛，这个名字我们叫法不同，双方有着不同的看法，实现中日邦交正常化时，我们双方约定不涉及这一问题。这次谈中日和平友好条约的时候，双方也约定不涉及这一问题。倒是有些人想在这个问题上挑一些刺，来障碍中日关系的发展。我们认为两国政府把这个问题避开是比较明智的，这样的问题放一下不要紧，等十年也没有关系。我们这一代缺少智慧，谈这个问题达不成一致意见，下一代比我们聪明，一定会找到彼此都能接受的办法。”

(2) 中印边界争端

整个中印边境争议地区的总面积为 12.5 万平方千米。

1914 年，英国殖民主义者炮制了非法的“麦克马洪线”，将传统上西藏当局享有管辖权、税收权和放牧权的约 9 万平方千米领土都划进印度去。对此，中国历届中央政府都不予承认。1947 年印度独立后，不仅继承了英国对中国部分领土的侵占，而且进一步侵占了中国大片领土。

自 1953 年起，印度已基本控制了“麦克马洪线”以南广大地区，并逐渐向前推进。新中国领导人当时制定了“决不退让，力争避免流血，犬牙交错，长期武装共处”的方针。但尼赫鲁政府 1962 年 10 月宣布清除其“境内”的中国军队，发动进攻，中国军队被迫还击，最终引发对印自卫反击战。战争结束，中方获胜，但立即单方面往后撤军 20 千米，试图以谈判方式解决争端，印方拒绝谈判，两国外交关系降级。

关于中印边界问题，邓小平同志多次表示，这个问题是历史遗留下来的，中国人民绝不会承认“麦克马洪线”。同时，他又指出，只要双方采取合情合理的方式，边界问题是不难解决的。由此，中国提出了“平等相待、友好协商、互谅互让、公平合理、全面解决”的五点指导原则，并明确提出在边界问题最终解决之前，双方应保持实际控制线地区的和平与安宁。

4. 外交“二十字”箴言

20世纪80年代末90年代初，国际形势风云变幻。

首先，东欧剧变、苏联解体，社会主义运动在世界范围内受到严重挫折。同时，美苏两极“冷战”格局不复存在，美国4成为唯一的超级大国，世界战略力量对比出现严重失衡。

其次，1989年中国发生政治风波之后，以美国为首的西方发达国家粗暴干涉中国内政，对中国实施了一系列的制裁措施，中国面临严峻的国际压力。

在此背景下，邓小平同志用凝聚中华民族智慧的语言，提出了“冷静观察、稳住阵脚、沉着应付、韬光养晦、有所作为”的战略策略方针。

1989年，邓小平同志指出：“对于国际局势，概括起来就是三句话，第一句话，冷静观察；第二句话，稳住阵脚；第三句话，沉着应付。不要急，也急不得。要冷静、冷静、再冷静，埋头苦干，做好一件事，我们自己的事。”

1990年，邓小平同志又谈道：“第三世界有些国家希望中国当头。但是我们千万不要当头，这是一个根本国策。这个头我们当不起，自己的力量也不够。当了绝无好处，许多主动都失掉了。中国永远都站在第三世界一边，中国永远不称霸，中国也永远不当头。但在国际问题上无所作为不可能，还是要有所作为。作什么？我看要积极推动建立国际政治经济新秩序。我们谁也不怕，但谁也不得罪，按和平共处五项原则办事，在原则立场上把握住。”1992 年邓小平同身边人员谈中国发展问题时指出：“我们再韬光养晦地干些年，才能真正形成一个较大的政治力量，中国在国际上发言的分量就会不同。”

邓小平同志在“冷战”结束之际的这些重要谈话，后来被进一步概括为中国在应对国际风云变幻时采取的二十字战略方针，即“冷静观察、稳住阵脚、沉着应付、韬光养晦、有所作为”。①

（二）“三个代表”重要思想指导下的外交工作

20 世纪 80 年代末，世界进入新旧格局交替时期。世界多极化和经济全球化加速发展，以江泽民同

① 邓小平：《邓小平文选》（第 3 卷），人民出版社 1993 年版，第 326 页、第363 页。

志为主要代表的中国共产党人，创造性地继承和发展邓小平理论中的外交思想，我国外交工作取得新的成就。

1. 构筑有利的大国关系框架

从 20 世纪 90 年代至 21 世纪初，我国与所有大国都建立了不同形式的伙伴关系，各领域交流与合作日益深化，有力地促进了“冷战”后大国关系的稳定与相互合作。

(1)《中俄睦邻友好合作条约》

1991 年，苏联解体，政治制度发生根本变化。中国政府本着尊重前苏联人民选择的原则，宣布承认俄罗斯和其他独联体各国政府，并先后同它们建立了外交关系。此后江泽民同志和俄罗斯总统叶利钦举行多次最高级会晤。1996 年 4 月，双方宣布建立“平等信任、面向二十一世纪的战略协作伙伴关系”，从而为两国关系的发展确立了明确的方向。2001 年 7 月 16 日，江泽民同志与普京签署的《中俄睦邻友好合作条约》，条约中罕见地写下了两国“世代友好、永不为敌”这样的字眼。

(2)“9·11”恐怖袭击事件后的慰问电话

2001 年 9 月 11 日晚上，美国纽约和华盛顿及其他一些城市相继遭受恐怖袭击。事件发生后仅 5 个小时，江泽民同志主动与美国总统布什通电话，向美国政府和人民表示慰问。江泽民同志表示，我们愿意与美方和国际社会加强对话，开展合作，共同打击一切恐怖主义暴力活动。

在此不久前，刚上任的布什全盘否定克林顿政府的对华政策，公开表示克林顿政府对华政策太软弱，应当增加强硬的成分，将中美建设性战略伙伴关系重新定位为战略竞争关系。因此，这通电话具有重大意义。不仅向美国人民表达了同情和慰问，而且在很大程度上转移了刚刚上台的布什政府的敌对视线，从而在接下来的反恐潮流中，大大削弱了中国外部环境压力，为中国的和平发展赢得了空间。

2. 发展睦邻友好，营造有利的周边环境

2001 年 6 月 15 日，由中国、哈萨克斯坦、吉尔吉斯、俄罗斯、塔吉克斯坦、乌兹别克斯坦六国组成的上海合作组织成立。上海合作组织旨在加强各成员国之间的相互信任与睦邻友好，共同致力于维护和保障地区的和平、安全与稳定，建立民主、公正、合理的国际政治经济新秩序。

成立 12 年来，成员国在上海合作组织框架下解决多起历史遗留的边界难题，开展联合军演，打击边境“三股恶势力”，为维护中亚地区安全和稳定做出

了重要贡献。同时加强了成员国之间经济合作和交往，推动了区域经济发展。更重要的是，虽然上海合作组织成员国之间社会制度、经济实力、人口、资源等存在差距，但在主权平等、求同存异的基础上对所关注问题开展合作处理，从而为发展中国家区域合作开创了新模式。

3. 捍卫国家主权、领土完整和民族尊严

(1) 妥善处理北约轰炸中国驻南斯拉夫大使馆事件

1999 年 5 月 7 日，以美国为首的北约悍然用导弹袭击中国驻南斯拉夫联盟大使馆，造成 3 人死亡，20 多人受伤，使馆建筑被严重毁坏。

得悉噩耗，全国各地的广大群众，海外侨胞、留学生，纷纷举行座谈、集会、发抗议信或抗议电等各种活动，拥护我国政府的严正声明，强烈谴责以美国为首的北约的野蛮行径。北京、上海、广州、成都、沈阳等一些城市的学生和群众，还在美国驻华外交机构附近举行了示威游行。

5 月 14 日晚，江泽民同志与美国总统克林顿通了电话。克林顿再次道歉，江泽民同志重申我国政府严正立场。在谈话时谴责北约袭击中国大使馆这件事是一种极其野蛮的行为，是对中国主权的粗暴侵犯，在外交史上是罕见的。他说，以美国为首的北约必须对这一事件承担全部责任，否则中国人民不会答应。

12 月 16 日，中美两国政府就美国轰炸中国驻南斯拉夫大使馆的赔偿问题达成协议。根据协议，美国政府将向中国政府支付 2800 万美元，作为对该年 5 月美国轰炸中国驻南联盟大使馆所造成的中方财产损失的赔偿。

(2) 妥善处理“南海撞机”事件

2001 年 4 月 1 日上午，美一架海军 EP-3 侦察机在中国海南岛东南海域上空活动，中方两架军用飞机对其进行跟踪监视。当中方飞机在海南岛东南 104 千米处正常飞行时，美机突然向中方飞机转向，其机头和左翼与中方一架飞机相撞，致使中方飞机坠毁，飞行员王伟失踪。事发后，美机未经中方允许，擅自侵入中国领空，并降落在海南陵水军用机场。海南省军民开展大规模搜救跳伞飞行员王伟的行动，王伟经搜救未果，已壮烈牺牲。

事件发生后，江泽民同志表态说，美国应该就美侦察机同中国战斗机相撞一事向中国人民道歉。中美两国领导人必须就这件事寻找出一个解决方案。

从维护国家利益和中美关系的大局出发，中方最终选择“先放人，后放机”方案。

4 月 11 日，美国驻华大使向中国递交了致歉信。

美方在信中表示："布什总统和鲍威尔国务卿对中方飞行员失踪和飞机坠毁都已表示了真诚的遗憾。请向中国人民和飞行员王伟的家属转达，我们对飞行员王伟的失踪和那架飞机的坠毁深表歉意。"美方还对其飞机"未经口头许可而进入中国领空并降落深表歉意"。这一信函是美国政府的第五稿，前四封均被中国政府拒绝。鉴于美国政府已经向中国人民致歉，出于人道主义的考虑，中国政府决定允许美人员离境。

对于美侦察机回国问题的处理，美国坚持以飞机飞返美国来结束整个事件。中方则认为，这架飞机是撞毁我战斗机并导致飞行员王伟牺牲的罪魁祸首，中国方面坚决不允许这架侦察机飞行离境，要求美方将飞机拆卸后运回国内。此后，双方谈判陷入了两周的僵局。但最终还是中方在交锋中取胜，美国同意将侦察机拆解后运回。

7 月 3 日，美国侦察机由两架俄罗斯运输机运离中国，撞机事件终于画上了句号。

在这两起事件中，充分显示了我党应对重大突发事件、驾驭全局的能力。同时捍卫了中国的主权和尊严，向世界昭示：中国不可欺，中华民族不可辱。

(3) 挫败台湾当局"重返联合国"图谋

联合国是在"二战"结束后由中、苏、美、英、法等国的倡议下成立的，旨在维护世界和平的政府间国际组织。中国人民的抗日战争是世界反法西斯战争的重要组成部分，使中国成为联合国的创始国和安理会 5 个常任理事国之一。

新中国成立后，中华人民共和国政府作为代表全中国人民的唯一合法政府，为恢复在联合国的合法席位，进行了不屈不挠的斗争。直到 1971 年 10 月 25 日，第 26 届联合国大会以压倒多数通过了阿尔巴尼亚、阿尔及利亚等 23 个国家提出的，要求“恢复中华人民共和国在联合国的一切合法权利，立即把蒋介石集团代表从联合国一切机构中驱逐出去”的提案，即著名的“2758 号决议”。该决议同时为中国政府主张的“一个中国”原则提供了依据。

《联合国宪章》明确规定，唯有主权国家才有权成为联合国会员国。台湾是中国的一部分，根本不是一个主权国家，当然就没有资格加入联合国。每个国家的主权都是完整的，既不能分割也不能分享。中华人民共和国政府作为中国的唯一合法政府，有权利也有义务在国际组织中行使国家主权，代表整个中国。

以江泽民同志为主要代表的中国共产党人坚持“和平统一、一国两制”方针，全面落实对台八项主张，积极推动海峡两岸关系发展的同时，对台湾当局制造分裂的活动进行了坚决斗争。在国际上广泛揭露李登辉和陈水扁的“台独”真面目，使国际社会进一步认识到台湾问题的敏感性和“台独”的危害性。大多数国家重申坚持一个中国政策。

（三）科学发展观指导下的外交工作

进入21世纪以来，国际形势处于深刻演变之中。以胡锦涛同志为主要代表的中国共产党人冷静分析国内外形势，紧紧抓住战略机遇期，高举和平、发展、合作的旗帜，我国对外工作取得新的重大进展。

1. 中国将始终不渝地走和平发展道路

作为拥有几千年文明的东方大国，中国通过走什么道路实现民族振兴是一个世界关注的问题。

2004年4月24日，胡锦涛同志在亚洲博鳌论坛开幕式上的讲话中首次使用“和平发展道路”。他指出：“中国将坚持和平发展道路，高举和平、发展、合作的旗帜，同亚洲各国共创亚洲振兴的新局面，努力为人类和平与发展的崇高事业做出更大贡献。”

2012年，在党的十八大报告中，胡锦涛同志再次提到中国的和平发展道路。“中国将始终不渝走和平发展道路，坚定奉行独立自主的和平外交政策。我们坚决维护国家主权、安全、发展利益，决不会屈服于任何外来压力。我们根据事情本身的是非曲直决定自己的立场和政策，秉持公道，伸张正义。中国主张和平解决国际争端和热点问题，反对动辄诉诸武力或以武力相威胁，反对颠覆别国合法政权，反对一切形式的恐怖主义。中国反对各种形式的霸权主义和强权政治，永远不称霸，永远不搞扩张。中国将坚持把中国人民利益同各国人民共同利益结合起来，以更加积极的姿态参与国际事务，发挥负责任大国作用，共同应对全球性挑战。”①

改革开放以来，中国经济发展的速度，令美欧和亚洲国家（特别是中国周边国家）深感意外，尤其美国强烈意识到发展中的中国正在赶上，甚至在一些领域已经超越美国，严重威胁美国的全球利益，于是乎大造“中国威胁”、“中国恐惧”的国际舆论，借以孤立中国、遏制中国。“中国威胁论”一定程度上恶化了中国的发展环境，损害了中国的对外形象。

和平发展道路的提出，从根本上回答了中国走什么样的道路、为什么走这样的道路的问题。中国现在不称霸、将来加强发展了也不称霸。坚持走和平发展

① 胡锦涛：《中国共产党十八大报告——坚定不移沿着中国特色社会主义道路前进，为全面建成小康社会而奋斗》，2012 年 11 月 8 日。

道路，不仅表明了中国对世界重大问题的态度，更是对“中国威胁论”的有力回击。

2. 构建和谐世界

和谐世界的理念，最早是 2005 年 4 月 22 日胡锦涛同志在雅加达亚非峰会上提出来的。2005 年 9 月 15 日，在纪念联合国成立 60 周年首脑会议上，胡锦涛同志又全面阐述了和谐世界理念的深刻内涵。

建设和谐世界，从政治上说，就是要做到国家不分大小一律平等，不以大欺小，不以强凌弱，保障不同社会制度的国家和平相处；从经济上说，就是要做到各国友好合作，照顾彼此的关切，反对欺诈剥削，实现互利双赢、共同繁荣；从安全上说，就是要做到各国彼此信任、相互合作，通过对话消除分歧，不使用武力或以武力相威胁，反对各种形式的恐怖主义，共同维护社会稳定与安全；从文化上说，就是要做到各国相互尊重、彼此借鉴，不将自己的意识形态和价值观念强加于人，保障文化的多样性发展，实现人类多种文明的共同繁荣；从环境上说，就是要做到各国相互协调、彼此照应，协力应对各种自然的与人为的灾害，实现人类与环境的和谐发展，确保地球作为人类家园的优美与平安。

人类只有一个地球，各国共处一个世界。历史昭示我们，弱肉强食不是人类共存之道，穷兵黩武无法带来美好世界。要和平不要战争，要发展不要贫穷，要合作不要对抗，推动建设持久和平、共同繁荣的和谐世界，是各国人民的共同愿望。我们主张，在国际关系中弘扬平等互信、包容互鉴、合作共赢的精神，共同维护国际公平正义。中国所提出的构建和谐世界的主张，顺应时代潮流，道出了各国人民的共同心愿。一个国家要谋求发展，离不开建设一个和谐有序的社会环境；世界要实现稳定与繁荣，离不开各国的和谐共存。在国际冲突频发、纷争不断的今天，走和平发展道路，致力于建设一个持久和平、共同繁荣的和谐世界，是世界各国人民的共同愿望，也是人类社会发展的必然要求。

中国人民热爱和平、渴望发展，愿同各国人民一道为人类和平与发展的崇高事业而不懈努力。

八、全面提高党的建设科学化水平

进京赶考，共产党人不当李自成

1949 年 1 月 31 日，人民解放军进入北平，北平和平解放。随着党的工作重心由乡村移到城市，中共中央决定进驻北平。

全国胜利在即，毛泽东同志想起了李自成的历史教训。他曾多次对人说共产党人不能学 300 年前的李自成，打了 18 年仗，做了 18 天皇帝，而是要长久地做下去。在考虑进城问题时，毛泽东就有这样的一种估计："可能有这样一些共产党人，他们是不曾被拿枪的敌人征服过的，他们在这些敌人面前不愧英雄的称号，但是经不起敌人用糖衣裹着的炮弹的攻击，他们在糖弹面前要打败仗。"

因此，在七届二中全会上的报告中，毛泽东同志向全党敲响了警钟：夺取全国胜利，这只是万里长征的第一步。中国革命是伟大的，但革命以后的路更长，工作更伟大，更加艰苦。这一点现在就必须向全党讲明白，务必使同志们继续保持谦虚、谨慎、不骄、不躁的作风，务必使同志们继续保持艰苦奋斗的作风。

3 月 23 日上午，毛泽东、朱德、刘少奇、周恩来、任弼时五位书记，率中共中央机关就要离开中国共产党最后一个农村指挥所——西柏坡。临行前，毛泽东风趣地说："今天是进京赶考的日子，不睡觉也高兴啊。今天是进京'赶考'嘛，进京赶考去，精神不好怎么行呀！"

周恩来会意地笑道："我们应当都能考及格，不要退回来。"

毛泽东凝视车队将要开往的方向，坚定地说："退回来就失败了，我们决不当李自成。我们一定要考个好成绩。"

对一个人来说，进京赶考是人生大事，10 年寒窗苦读，只在于一朝赶考，赶考可以决定人的一生命运。对中国共产党来说，自 1921 年成立近 28 年来，经历了千难万险，经历了血雨腥风，有无数的党的优秀儿女为之献出了宝贵生命，胜利来之不易，需要倍加珍惜。

毛泽东同志把进京执政当做是“进京赶考”，也是告诉大家“进京”会有两个结果。一个是“金榜题名”，一个是“名落孙山”。金榜题名是说赶考及格，是说中国共产党的执政获得了全国人民的支持和拥护，说明中国共产党是当之无愧的中国的领导者。名落孙山是说明进京赶考的结果没有成功，是说明人民群众不喜欢我们，没有让我们及格，会和李自成当年一样，即使上台还是会被人民赶下台。我们的执政理念、执政业绩就是我们的试卷，而考官永远是全国广大的人民群众。[①]

历史证明，政权的取得不容易，取得政权后执掌政权更不容易。新中国成立以来中国共产党人一直牢记着毛泽东同志的“进京赶考”理论，我们党担负着团结带领人民全面建成小康社会、推进社会主义现代化、实现中华民族伟大复兴的重任。形势的发展、事业的开拓、人民的期待，都要求我们以改革创新精神全面推进党的建设新的伟大工程，全面提高党的建设科学化水平。

① 何虎生：《建国的那些人与事——旭日东升》，当代中国出版社 2012 年版，第 11 页。

（一）改革开放以来党建工作的探索

1. 平反冤假错案——恢复党的思想路线

1977 年 7 月在党的十届三中全会上，恢复了邓小平同志的职务，73 岁的邓小平第三次登上中国的政治舞台。复出后的邓小平同志，表现出了战略家的远见卓识，在千头万绪中首先抓具有决定意义的拨乱反正工作。他明确提出，必须“完整地准确地理解毛泽东思想，支持关于实践是检验真理的唯一标准的讨论，反对‘两个凡是’的错误方针”。针对“两个凡是”，邓小平同志做了《解放思想，实事求是，团结一致向前看》的著名讲话。在邓小平同志的领导下，中国共产党重新确立了一切从实际出发，理论联系实际，实事求是，在实践中检验真理和发展真理的思想路线。

1977 年 12 月 10 日，中共中央任命胡耀邦同志为中央组织部部长，胡耀邦同志针对“两个凡是”提出了“两个不管”。即根据实事求是、有错必纠的原则，对历史遗案进行调查核实，分析研究，“凡是不实之词，凡是不正确的结论和处理，不管是什么时候、什么情况下搞的，不管是哪一级、什么人定的和批的，都要改正过来”。

在邓小平同志和其他老一辈无产阶级革命家的大力支持下，党中央加快平反冤假错案的步伐，到1982年年底，全国大规模的平反冤假错案工作基本结束。

2. “三个代表”重要思想的提出

进入21世纪以来，中国共产党面临巨大的历史性考验。首先，国际形势发生剧烈变动，一些国家和地区执政几十年的老党、大党先后丧失政权。其次，中国共产党已从一个领导人民夺取全国政权而奋斗的党，转变为一个领导人民长期掌握全国政权并长期执政的党；已从受到外部封锁和实行计划经济条件下领导国家建设的党，转变成为在对外开放和发展社会主义市场经济条件下领导国家建设的党。最后，中国共产党还要面临着干部队伍整体性新老交替的考验。面对世情、国情、党情，以江泽民同志为主要代表的中国共产党人，在深刻总结我党建设经验的基础上，提出了“三个代表”的重要思想。

2000年2月，江泽民同志在广州考察时明确阐发了“三个代表”重要思想内涵。“我们党所以赢得人民的拥护，是因为我们党在革命、建设、改革的各个历史时期，总是代表着中国先进生产力的发展要求，代表着中国先进文化的前进方向，代表着中国最广大人民的根本利益，并通过制定正确的路线方针政策，为实现国家和人民根本利益而不懈奋斗。”同年5月14日，江泽民同志进一步强调，“始终做到‘三个代表’是我们党的立党之本、执政之基、力量之源”。①

2002年召开的党的十六大上，“三个代表”重要思想作为党的最新理论成果被载入《党章》。大会明确指出：“开创中国特色社会主义事业的新局面，必须高举邓小平理论伟大旗帜，坚持贯彻‘三个代表’重要思想。‘三个代表’重要思想，是对马克思主义、毛泽东思想、邓小平理论的继承和发展，反映了当代世界和中国的发展变化对党和国家工作的新要求，是加强和改进党的建设、推进我国社会主义自我完善和发展的强大理论武器，是全党集体智慧的结晶，是党必须长期坚持的指导思想。”

“三个代表”重要思想创造性地回答了在新的历史条件下“建设什么样的党，怎样建设党”的问题，

---

① 江泽民：《江泽民文选》(第3卷)，人民出版社2006年版，第2页、第6页。

从而明确了加强和改进党的建设的总方向，深化了共产党执政规律的认识，丰富和发展了马克思主义执政党建设理论。

3. 科学执政、民主执政、依法执政

新时期，世界发展趋势继续发生深刻变化，维护和平、促进发展，成为世界各国人民的共同愿望。从国内来说，随着我国经济体制的变革，利益格局和思想观念发生深刻变化。这一空前的社会变革给我国发展进步带来巨大活力的同时，经济社会发展也面临一系列突出的矛盾和问题。

从党建工作的角度，胡锦涛同志指出："加强党的执政能力建设，这是党的建设的重中之重。"2004年9月召开的十六届四中全会明确提出了"科学执政、民主执政、依法执政"的重要思想，这是我党在探索执政党建设规律中所取得的重大理论成果。

科学执政是中国共产党执政的前提条件。坚持科学执政，就是党要结合中国实际，不断探索和遵循共产党执政规律、社会主义建设规律、人类社会发展规律。以科学的思想、科学的制度、科学的方式组织和带领人民共同建设中国特色社会主义。

民主执政，是中国共产党执政的本质要求。坚持民主执政，就是坚持为人民执政、靠人民执政，发展

中国特色社会主义民主政治。推进社会主义民主政治的制度化、规范化、程序化，以民主的制度、民主的形式、民主的手段支持和保证人民当家做主。

依法执政，是中国共产党执政的基本方式。坚持依法执政，就是党要紧紧抓住制度建设这个具有根本性、全局性、稳定性、长期性的重要环节，坚持依法治国、建设社会主义法治国家，领导立法，带头守法，保证执法，不断推进国家经济、政治、文化、社会生活的法制化、规范化，以法治的理念、法治的体制、法治的程序保证党领导人民有效治理国家。

4. 追忆优秀的中国共产党员——孔繁森

“青山处处埋忠骨，一腔热血洒高原。”孔繁森同志用生命书写了共产党人立党为公、执政为民新篇章，为新时期党员领导干部树立了光辉榜样。

孔繁森同志出生于1944年7月，是山东聊城人。1961年，17岁的孔繁森光荣参军，在部队连年被评为“五好战士”。1966年9月，孔繁森光荣地加入中国共产党。1969年，他从部队复员后，先当工人，后被提拔为国家干部。1979年，国家要从内地抽调一批干部到西藏工作，时任地委宣传部副部长的孔繁森主动报名，并写下了“是七尺男儿生能舍己、作千秋鬼雄死不还乡”的条幅。

1979年，孔繁森第一次赴西藏工作，担任日喀则地区岗巴县委副书记。在岗巴工作3年，孔繁森跑遍了全县的乡村、牧区，与藏族群众结下了深厚的友谊。

1988年，山东省再次选派进藏干部，组织上认为孔繁森在政治上成熟又有在藏工作经验，便决定让他带队第二次赴藏工作。进藏后，孔繁森担任拉萨市副市长，分管文教、卫生和民政工作。到任仅4个月的时间，他就跑遍了全市8个县区所有的公办学校和一半以上的村办小学，为发展少数民族的教育事业奔波操劳；为了结束尼木县续迈等3个乡群众易患大骨节病的历史，他几次爬到海拔近5000米的山顶水源处采集水样，帮助群众解决饮水问题；了解到农牧区缺医少药的情况后，他每次下乡时都特地带一个医疗箱，买上数百元的常用药，工作之余就给农牧民群众认真地听诊、把脉、发药、打针，直到小药箱空了为止。

1992年，拉萨市墨竹工卡等县发生强烈地震，孔繁森在羊日岗乡的地震废墟上，还领养了3名藏族孤儿——12岁的曲尼、7岁的曲印和5岁的贡桑。收养孤儿后，孔繁森生活更加拮据，为此他曾3次以“洛珠”的名义献血900毫升，900毫升的鲜血蕴含着孔繁森对藏族孤儿深深的爱。

1992年年底，孔繁森第二次调藏工作期满，西藏自治区党委决定任命他为阿里地委书记，这一任命意味着孔繁森将继续留在西藏工作。面对人生之路又一次重大选择，他毫不犹豫地服从了党的决定、人民的需要。

阿里地处西藏西北部，平均海拔4500米，被称为“世界屋脊的屋脊”。这里地广人稀，恶劣的自然环境、艰苦的生活条件使许多人望而却步。

可是，1993年春天，年近50岁的孔繁森赴任阿里地委书记后，在不到两年的时间里，全地区106个乡他跑遍了98个，行程达8万多公里，茫茫雪域高原到处都留下了他深深的足迹。1994年11月29日，他出差返回阿里途中，不幸发生车祸，以身殉职，时年50岁。

在孔繁森的葬礼上，悬挂着一副挽联，形象地概括了孔繁森的一生，也道出了藏族人民对他的怀念：“一尘不染，两袖清风，视名利安危淡似狮泉河水；两离桑梓，独恋雪域，置民族团结重如冈底斯山。”

人们在料理孔繁森同志的后事时，看到两件遗物：一是他仅有的8元6角钱；一是他去世前4天写的关于发展阿里经济的12条建议。这就是孔繁森留下的遗产，体现出一名共产党员的高尚情怀。[①]

（二）反腐倡廉，警钟长鸣

反对腐败、建设廉洁政治，是党一贯坚持的鲜明政治立场，是人民关注的重大政治问题。这个问题解决不好，就会对党造成致命伤害，甚至亡党亡国。反腐倡廉必须常抓不懈，拒腐防变必须警钟长鸣。

1. 中国共产党反腐第一枪

1931 年 11 月，中华苏维埃共和国临时中央政府成立，仅 3 个月后，中央苏区就开展了历时两年的惩腐肃贪运动，这是中共历史上第一次较大规模的反腐运动。当时一批反腐大案都是中央领导亲自抓的。1933 年 12 月 15 日，中央执行委员会颁布了《关于惩治贪污浪费行为的训令》，规定凡苏维埃机关、国营企业及公共团体的工作人员，贪污公款 500 元以上者，处以死刑。

谢步升是我党反腐败历史上枪毙的第一个“贪

① 尕玛多吉：《人民公仆孔繁森》，《人民日报》2011 年 4 月 1 日。

官”。

谢步升，瑞金九区叶坪乡人，共产党员，原任叶坪村苏维埃政府主席。谢步升家境贫穷，12 岁时给地主打短工。1929 年参加工农武装暴动，任云集暴动队队长。1930 年参加中国共产党，并任叶坪村苏维埃政府主席。虽然这个官职不大，但随着苏维埃临时政府的建立，他的声望陡然增高，思想作风逐渐变质。他利用职权贪污打土豪所得财物，偷盖苏维埃临时中央政府管理科公章，伪造通行证私自贩运物资到白区出售，牟取私利。他生活腐化堕落，与地主老婆通奸并把自己的妻子卖了。事发后，案件查办工作曾遇到一定阻力。

毛泽东同志知道这件事后指示说：“腐败不清除，苏维埃旗帜就打不下去，共产党就会失去威望和民心！与贪污腐化作斗争，是我们共产党人的天职，谁也阻挡不住！”

时任瑞金县委书记的邓小平同志获悉后，愤然表示：“这样的腐败分子不处理，我这个县委书记怎么向人民群众交代？”

1932 年 5 月 5 日，瑞金县苏维埃裁判部对谢步升进行公审判决，判处谢步升死刑。谢步升不服，向中华苏维埃共和国临时最高法庭提出上诉。1932 年 5 月 9 日，以梁柏台为主审的中华苏维埃共和国临时最高法庭二审开庭，经审理，驳回了谢步升的上诉，维持原判，判决："把谢步升处以枪决，在3点钟执行，并没收谢步升个人的一切财产。"当日下午，红都瑞金响起了苏维埃临时中央政府成立后第一声惩治腐败分子的枪声。

2. 改革开放以来反腐倡廉工作历程回顾

十一届三中全会后，我党将工作的重心转移到经济建设上来，经济体制从计划经济逐步转向商品经济。这一转变不仅在经济和物质生活领域引起了巨大变化，同时也使人们的思想观念发生巨大变化。不少党政干部在经济利益的驱动下，寻找政策和法律漏洞，利用职权谋取不正当利益。利己主义、享乐主义，腐败之风逐渐滋长蔓延。

这一时期，我党将反腐的重点放在纠正不正之风，解决领导干部特特权现象上。

邓小平同志认为，党和国家领导制度的弊端是领导干部特殊化现象滋生的土壤之一。1980年8月，邓小平同志在中央政治局会议上指出："克服特权现象，要解决思想问题，也要解决制度问题。公民在法律和制度面前人人平等，党员在党章和党纪面前人人平等。”①

1978年12月召开的十一届三中全会，恢复了中央纪律委员制度。全会选举产生了100人组成的新的中央纪律检查委员会，陈云同志为第一书记，邓颖超同志为第二书记，胡耀邦同志为第三书记，黄克诚同志为常务书记。遵照党中央的规定和邓小平、陈云的指示，中央纪委的根本任务是，维护党规党法，切实搞好党风。

中纪委的恢复，拉开了加强党纪国法、以制度反腐的序幕。

进入20世纪90年代以来，社会主义市场经济初步建立。但法制理念、平等理念、开放理念尚未规范，有些掌握权力资源的官员利用“权力寻租”和“权钱交易”等手段谋求非法利益。并且由之前的“小贪小案”开始转向“大贪大案”，高官腐败案频发。

江泽民同志在十五大报告中指出：“反腐倡廉要坚持标本兼治，教育是基础，法制是保障，监督是关键。通过深化改革，不断铲除腐败滋生蔓延的土壤。”

这一时期，反腐方式从党纪、政纪处分向法律制

① 邓小平：《邓小平文选》（第2卷），人民出版社1994年版，第332页。

裁转变，反腐败工作步入了民主化、制度化、规范化轨道。

从1993年起，一批党风廉政法律法规相继出台。如《党政领导干部选拔任用工作暂行条例》、《廉政准则》、《领导干部收入申报规定》、《礼品登记制度》、《个人重大事项报告制度》、《重申和建立党内监督五项制度》、《纪检机关控告申诉条例》、《案件检查工作条例》、《纪律处分条例（试行)》、《关于保护检举》、《控告人的规定》等。据统计，各省区市和中央、国家机关各部委制定了1400多项领导干部党风廉政规章制度。

党的十六大以来，反腐倡廉建设进入了惩治和预防体系建设阶段，从注重民主、法制、制度建设向教育、制度、监督并重，从惩治为主向惩治和预防并举转变。2007年9月13日，国家预防腐败局揭牌。这是党中央、国务院科学判断形势，深入推进预防腐败工作而采取的一项重大举措。同年10月召开的党的十七大，第一次把反腐倡廉建设同党的思想建设、组织建设、作风建设、制度建设一起确定为党的建设的基本任务。

2008年5月13日，中共中央印发了《建立健全惩治和预防腐败体系2008－2012年工作规划》，进一步明确了惩治和预防腐败体系建设的指导思想、基本要求和工作目标，重点对教育、制度、监督、改革、纠风、惩处六项工作整体推进做出部署，要求经过5年的扎实工作，建成惩治和预防腐败体系基本框架。《工作规划》是今后5年推进惩治和预防腐败体系建设的指导性文件，也是反腐倡廉建设的重点任务。

回顾中国共产党反腐倡廉建设的历程，我们看到反腐倡廉没有“药到病除”的良方，需要持之以恒的改造。同时我们有理由相信，在中国共产党领导下，党的反腐倡廉建设一定能够不断增强自身的免疫能力。

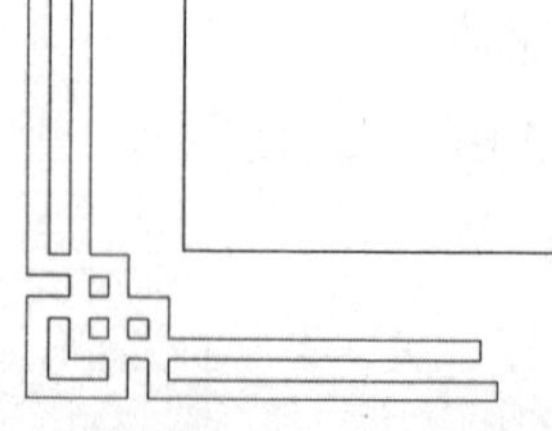